T0164617

Das Lexikon der offenen Fragen

Herausgegeben von Jürgen Kaube
und Jörn Laakmann

Verlag J.B. Metzler

Inhalt

Vorwort

In Woody Allens Film »Hannah und ihre Schwestern« von 1986 kommt es zu einem Wortwechsel zwischen Hannahs Ex-Mann, dem Hypochonder Mickey, der als Jude katholisch werden möchte, aber später die wahre religiöse Erleuchtung in einem Film der Marx-Brothers findet, und seinem Vater. »Warum geschieht soviel Böses auf der Welt?« fragt ihn der theologisch etwas obsessive Vater, und Mickey versetzt: »Woher zum Teufel soll ich wissen, warum es die Nazis gegeben hat? Ich weiß ja nicht mal, wie ein Dosenöffner funktioniert.«

Wir sehen, es gibt verschiedene Arten offener Fragen. Es gibt beispielsweise und erstens solche, die durch wissenschaftliche oder technische Erkenntnis einer Antwort zugeführt werden. »Wie funktioniert ein Dosenöffner?« ist so eine Frage. Ihre Komplexität besteht allenfalls darin, dass es mehrere Sorten von Dosenöffnern gibt, die ganz unterschiedlich funktionieren, oder dass die Frage zwar nicht für die Wissenschaft, aber für bestimmte Fragesteller offen ist. Manche mathematischen Probleme sind von dieser wohldefinierten Art, die es erlaubt festzustellen, ob sie beantwortet sind, auch wenn es mitunter sehr lange dauern kann, bis jemand dazu in der Lage ist. Ob $a^n+b^n=c^n$ für positive ganze Zahlen a, b, c, n mit $n > 2$ keine Lösung hat, war ungefähr 350 Jahre lang eine offene Frage. Andere Dosenöffner-Fragen betrafen die Existenz von Positronen, das Problem, warum Falstaff fett ist, ob Rembrandt den »Mann mit dem Goldhelm« gemalt hat oder das Rätsel der Hieroglyphenschrift. Wissenschaft heißt auch, Klärungen zu bewirken und nicht immer wieder dasselbe zu fragen.

Dann aber gibt es, zweitens, solche Fragen, denen man sofort ansieht, dass sie nicht gelöst werden können und auch gar nicht dazu da sind, gelöst zu werden. Berühmt sind hier die Fragen, die Immanuel Kant der Philosophie als Pensum aufgegeben hat: Was kann ich wissen, was soll ich tun, was darf ich hoffen – und was ist der Mensch? Auch diejenige des Vaters von Mickey gehört dazu. Diese Fragen sind von vornherein so offen gestellt, dass sie sich gar nicht schließen lassen. In der Philosophiegeschichte hat man dafür den Begriff der »unendlichen Aufgabe« gefunden, womit gemeint war, dass die Wissenschaft nicht einfach nur in der Lösung einer ungeheuren Menge endlicher Fragen besteht, an die man nur ausreichend viele Leute mit ausreichend großen Ressourcen setzen müsste. Wissenschaft ist kein Zweck einer Handlungskette, die an ein Ende kommen könnte. Und wenn jemand aufträte und sei es auch nur für seine Disziplin sagte: »Dies hier ist die letzte Frage, die wir noch nicht beantwortet hatten, und jetzt haben wir auch sie beantwortet«, käme sofort die Rückfrage auf, wie wir das denn wissen könnten, welche Auffassung von Wissen das implizieren würde oder welchen Sinn es hätte, dass gerade dies die letzte Frage war – womit die Behauptung, es sei die letzte offenen Frage gewesen, sofort widerlegt wäre.

Schließlich gibt es, drittens, Fragen, die zwischen den beiden genannten Fragetypen, den prinzipiell beantwortbaren und den prinzipiell unbeantwortbaren, liegen. Viele der in diesem Lexikon der offenen Fragen gestellten sind von dieser Art. Solche Fragen sehen auf den ersten Blick so aus, als könne man sie lösen – in unserem Beispiel »Warum hat es die Nazis gegeben?« – und als wüßte man auch, welche Fachleute die dafür nötigen Erkenntnisse zu beschaffen hätten. Tatsächlich zeigt sich der wissenschaftliche Erkenntnisstil aber genau darin, wie auch solche Fragen durch Zerlegung ihrer Bestandteile und durch den Versuch höherer begrifflicher oder experimenteller Auflösung zu schwer beantwortbaren gemacht werden. Auf unser Beispiel angewendet: Was stellt man sich unter einer Antwort auf eine Warum-Frage vor? Wäre Arbeitslosigkeit eine Erklärung? Oder der Erste Weltkrieg, die Gewalt, die er entband, sein merkwürdiges Ende und die Versailler Verträge, ein tiefsitzender Antisemitismus, die allgemeine Neigung zu extremistischen Antworten auf die Moderne, die Sehnsucht nach charismatischen Herrschern, die einen Staat wie eine Organisation führen und so weiter? Jede dieser Antworten operiert ihrerseits mit Elementen, die sich weiter auflösen lassen: Was heißt überhaupt »Moderne«? Wo sitzt der Antisemitismus, wenn er tief sitzt? Wieso versprechen sich Wähler von gewalttätigen Gruppierungen eine Antwort auf Probleme, die aus einem Krieg hervorgegangen sind? Was bedeutet »Charisma« in Zeiten der Massenmedien? Und wer waren überhaupt »die Nazis«? Jede Antwort hierauf führt zu weiteren offenen Fragen und das Ganze nennt sich als Zusammenhang von Publikationen, die solche Fragen stellen, reformulieren, Antworten anbieten und dann wieder auseinandernehmen: Wissenschaft.

Wir haben Wissenschaftler der unterschiedlichsten disziplinären Richtungen sowie Autoren, die einer Wissenschaft nahestehen, darum gebeten, eine für sie offene, ungelöste Frage zu formulieren. Die einzige Vorgabe war, sich kurz zu fassen. Die Art und Weise, wie das geschehen ist, erlaubt ihrer Vielfalt halber keine Zusammenfassung. Denn es sind allgemeine und spezielle, in Einzelforschung übersetzbare und philosophische, disziplinär umrissene und vagabundierende, pathetische und trockene, überraschende und ewige, ernste und witzige, verständlicherweise und empörenderweise ungelöste Fragen dabei herausgekommen. Manche bezeichnen, an welcher Grenze sich die Forschung gerade befindet, andere, was die Forschung zu fragen vergessen hat oder was sie irrtümlicherweise nicht mehr fragt, wieder andere, was sich diesseits aller Forschung zu fragen lohnt. Die Erfahrung der Herausgeber bei der Lektüre spricht dafür, dass jeder Leser andere Lieblingsfragen für sich entdecken wird. Die Erfahrung der Herausgeber bei der Lektüre spricht außerdem dafür, dass kein Leser keine

Lieblingsfrage entdecken wird. Für beides sei den Autoren gedankt.

Ein Beitrag des Lexikons stellt die Frage, warum wir so gerne bis drei zählen. Eine auch angesichts dieses Vorworts – erstens, zweitens, drittens – hochberechtigte Frage. Den J.B. Metzler Verlag, in dem dieser Band erscheint, erreicht sie in gesteigerter Form. Denn es ist der 333. Jahrestag seiner Gründung, zu dem das Lexikon der offenen Fragen herauskommt.

Offene Fragen

Abweichung Was ist und wie bestimmt man das, was man als ›normal‹ ansieht?

D ie im- oder explizite Kategorie ›Normalität‹ reguliert unser Verhältnis zur Abweichung (etwa in der Diagnose von Pathologien), prägt unser Handeln, unser Verhalten, entscheidet über Präferenzen (sehr prominent zur Zeit in mikroökonomischen Untersuchungen), ist auch bestimmend für Wirkungsforschungen unterschiedlichster Provenienz (Ästhetik und Rhetorik eingeschlossen) – um nur einige Felder zu nennen. Ist die Einschätzung, etwas sei ›normal‹, wissensbasiert, etwa das Ergebnis statistischen Durchschnitts, und/ oder persönlicher Erfahrung, entstehend aus Redundanz, einem Sozialisationseffekt, der sich bei (topischer) Wiederholung einstellt? Wie verstärkt sich beides wechselseitig? Wird dabei die auch alltägliche Erfahrung von Varianz zumindest zeitweise ausgeblendet oder werden der Anerkennung von Varianz Grenzen gesetzt? Wenn diese Einschätzung, etwas sei ›normal‹, je und je Ergebnis eines deliberativen Aktes ist, wird dann die Zuschreibung von ›Normalität‹ immer wieder auch verschoben? Stimmte dies, was bedeutete es dann für die Verfahrensweisen und Ergebnisse von Wissenschaft? Rhetorik statt Grammatik?

Jürgen Fohrmann

Anhörungen Wie können wir das fachlich Gebotene mit dem demokratisch Gewollten zusammenbringen?

Aufgrund der Globalisierung und der zunehmenden Vernetzung der Funktionsbereiche sind die kausalen Zusammenhänge zwischen menschlichen Interventionen und deren Wirkungen auf Natur und Gesellschaft immer komplexer geworden. Komplexe Wechselwirkungen zeichnen sich dadurch aus, dass sie mit der Intuition kaum oder gar nicht zu erfassen sind, häufig nicht-lineare Auswirkungen haben, d.h. zumindest am Anfang meist unterschätzt werden, und dass sie keine deterministischen, sondern lediglich stochastische Regelmäßigkeiten aufweisen, die einen eindeutigen Beweis nicht zulassen (siehe die Debatte um den Klimaschutz). Vor allem die fehlende Intuition und mangelnde Einsicht in komplexe Konsequenzen menschlicher Eingriffe führen häufig zu einer Diskrepanz zwischen dem, was aus bester fachlicher Sicht und wissenschaftlicher Erkenntnis notwendig wäre, und den intuitiven Präferenzen der Bürgerinnen und Bürger, die sich an allgemein verbreitete Faustregeln (Heurismen) der Urteilsbildung ausrichten. Für eine demokratisch verfasste Gesellschaft ist es aber essenziell, die aus fachlicher Sicht notwendigen Steuerungsprozesse demokratisch durch repräsentative oder deliberative Prozesse der Urteilsbildung und Entscheidungsfindung legitimieren zu lassen. Mehr und mehr wird aber offenkundig, dass hier oft eine Diskrepanz zwischen diesen beiden Formen der Rechtfertigung von Handlungen besteht,

die nur schwer vereinbar sind. An dieser Erfahrung einer
schmerzhaften Diskrepanz zwischen dem fachlich gebotenen
und demokratisch gewollten sollte sozialwissenschaftliche
Forschung ansetzen, um eine Befriedung zwischen wissenschaftlicher Rationalität und demokratische Willensbildung
herbeizuführen.

Ortwin Renn

Ankunft Wann sind wir endlich da?

Wann sind wir endlich da?« Die Frage vom Rücksitz markiert eine Urszene des Familienlebens. Jeder erinnert sich an das Entsetzen bei der Auskunft: »Bald. In knapp zwei Stunden.« »Bald« ist gelogen, »zwei Stunden« sind eine halbe Ewigkeit. Personenraten und Nummernschilderzählen überbrücken genau zehn Minuten, bis man erneut die quälende Langsamkeit realisiert. »Und wie lange jetzt noch?«

Wann sind wir endlich da? Die Frage begleitet uns auf dem Rücksitz des Lebens. Auch wenn wir als Überlebenstechnik Durchhaltewillen ausbilden, raffiniertere Ablenkungen ersinnen als öde Ratespiele, irgendwann selber am Steuer sitzen, sind wir doch ständig unterwegs zum nächsten Zwischenziel. Wir halten nach Ereignissen Ausschau, die Orientierung bieten, Anlass zur Vorfreude oder einen Grund zum Durchhalten. Dafür ist uns fast alles recht. Ein Fest. Eine Reise. Ein Examen. Das 333. Jubiläum. Hinter diesem Ziel aber gibt es sogleich ein neues. Streng genommen scheint alles doch nur eine Überbrückung der nächsten zehn Minuten.

Martin Heidegger mag recht haben mit der Feststellung, dass sich der Mensch auf den Horizont hin entwirft, der ihm für die Zeitspanne seines Lebens gegeben ist. Aber das ist bestimmt nur tiefenphilosophisch richtig, in der Ursuppe des Seins. Im wirklichen Leben sind die Strecken kürzer, ist man ständig damit beschäftigt, das Leben in Etappen zu unterteilen. Die Idee, diesen endlosen Raststätten zu entkommen und aus dem

Weg selbst das Ziel zu machen, ist bestechend. Aber sie hat nie funktioniert. Es gibt kein Carpe diem für uns, und Konfuzius hat verloren.

Wann sind wir endlich da? Die naheliegende Antwort – »Im Tod« – ist falsch, denn im Tod sind wir nicht mehr da. Selbst »In der Rente« scheint nicht richtig, wenn man sich die Rentner so anschaut. Man hat es damals geahnt, auf dem Rücksitz, dass auf die »knapp zwei Stunden« viele weitere folgen werden. Ob es jemals eine Ankunft gibt, bleibt ungeklärt.

Dirk Vaihinger

Anomie Warum sehen wir nicht die Ordnung in der Unordnung?

Syrien, Jemen, Afghanistan, Irak, Somalia – unser Blick auf Krisenräume richtet sich fast ausschließlich auf deren Anomie: den Zusammenbruch sozialer Normen, Regeln und Ordnungsstrukturen, die endemische Gewalt, die (scheinbare) Anarchie. Bekanntlich hat Thomas Hobbes einst die Metapher des Naturzustandes entwickelt, um ein Bild der Herrschafts-losigkeit zu zeichnen, in der es notwendigerweise zum Krieg aller gegen alle komme, weil eine zentrale Instanz zur Kon-fliktregelung fehle. Mir scheint, Hobbes' Geist trübt bis heute unseren Blick, indem er in diesen Krisenräume die Logik des Naturzustands am Werk sieht. Was aber ist mit den vielfälti-gen Aktivitäten, die zur Aufrechterhaltung einer »Ordnung in der Unordnung« unternommen werden, die oft rudimentäre öffentliche Dienstleistungen und damit das Überleben vieler Menschen ermöglichen – inmitten scheinbarer Herrschaftslo-sigkeit und über Kampflinien hinweg. Wir wissen noch wenig, wann, warum und wie solche Ordnungsversuche gelingen, wann sie scheitern und wie sie in die Konfiguration von Gewalt und Krieg eingebunden sind und diese möglicherweise repro-duzieren. Wann fangen wir an, uns für die oft verdeckten, dabei nicht weniger spektakulären und zugleich ambivalenten Taten der »Helden ohne Waffen« zu interessieren?

Benedikt Korf

Arbeit am Mythos Wie entstand der Geist?

Die Welträtsel, die vor hundert Jahren aufzählbar waren, sind kleingearbeitet; es bleiben nichts als kleine Fragen. Darunter die Kleinigkeit der Paläoanthropologen, denen es bei der Evolution im Geschichte der Zeiten auf einige Millionen Jahre nicht mehr ankommen soll: Langt es uns, Hominide geblieben zu sein, durch nichts als ein schwarzes Loch von ein paar Millionen Jahren von verwandten Primaten getrennt? Der Anthropologe Edward Evans-Pritchard hat das fortschreitende Versagen der modernen Einbildungskraft auf die ebenso ironische wie hoffnungslose Formel ›If I were a horse‹ gebracht: dessen, was der postkoloniale Herrenreiter an vorgeschichtlichem Verständnis aufzubringen vermag. Als der Philosoph Thomas Nagel jüngst auf seine analytische Weise Bilanz machte, *Why the Materialist Neo-Darwinian Conception of Nature is almost certainly false,* kam das missing link, die Entstehung des Geistes, als blinder Fleck in den Blick. Das historische Bewusstsein reicht kaum weiter als sein mediengestütztes Gedächtnis, von dem über die Jahrtausende mit ihm auskommenden Haustier zu schweigen. Seit wir uns die mythischen Narrative von der Erschaffung des Menschen aus dem Kopf geschlagen haben, führt die DNA-Migration ein Stück weit in die frühe Kulturgeschichte zurück, kaum 170.000 Jahre, um jenseits der Töchter Evas eine Wüste anthropologischer Spekulationen zu eröffnen, die kein Pferdeverstand mehr beflügeln kann, sowenig dieser sich jemals die vorzeitlichen Rituale, ihre Kunst und ihren Terror, vorstellen konnte. Die leere Million von Jahren, bis Lucy mehrere Millionen, ist zu kurz für die nötigen, nachvollziehbaren Mutationen und viel zu lang für die nötige, unvorstellbare Arbeit am Mythos, die sich unterdessen mit den mageren Analoga der Astrophysiker, knappen 3 Minuten nach dem Urknall, begnügen gelernt hat. Was für einen enormen Sprung die mythische Phantasie dereinst mit der Genesis der Welt bewältigt hatte, und was daran sich in der modernen Physik ungewitzt überboten findet, ist gänzlich unausdenkbar geworden. Er lässt sich an ihrem Ende, in der Sackgasse der vollendeten Sprachlosigkeit, an der Überforderung derer ablesen, die sich nicht mehr auf die Techniken der mythischen Weltverständnisse, die Logik der Mythen verstehen, ja kaum mehr auf die unvordenkliche Hege der Tiere. Der Geist spukt wo er will im Echoraum der Vorgeschichte, und er tut so, als hätte er das immer schon, seit Lucys Tagen, getan. Was hat ihn dazu, und wie und wann, gebracht?

Anselm Haverkamp

Außerirdische (I) Weshalb
bekommen wir so wenig Besuch?

Der xenophobe Konsens nimmt seit einiger Zeit an, dass wir darüber froh sein sollten, denn sonst hätten sich die Anderen schon längst unserer halb abgefackelten Ressourcen und salzigen Wasservorräte bemächtigt. Aber die richtige Antwort ist noch deprimierender: Sie kommen nicht, weil wir zu unzivilisiert sind. Seit einigen Jahrmillionen gibt es im intergalaktischen Codex die Regel, dass man bewohnte Planeten erst dann besucht, wenn sie die sogenannte Nachtigallen-Schwelle überschritten haben. Erst wenn kein Einwohner unseres Planeten mehr durch organisierte Gewalteinwirkung, Armut oder unbehandelte Krankheit ums Leben kommt, ist die Kontaktaufnahme zulässig und wir dürfen uns darstellen. Sie warten da draußen, auf unseren Gesang.

Thomas Lehr

Außerirdische (II) Hat sich Leben
auch jenseits der Erde entwickelt?

Gibt es Außerirdische? Diese Frage klingt kindisch, aber
sie hat es in sich. Denn die Möglichkeit ihrer Verneinung
kratzt an einer Grundannahme modernen Denkens, dem
Kopernikanischen Prinzip. Diesem zufolge ist die Erde nicht
nur himmelsmechanisch alles andere als das Zentrum des
Kosmos, sondern auch in keiner anderen Beziehung etwas
Besonderes.

Dann aber muss es Außerirdische geben. Die Entwicklung
von Leben, von höheren Organismen und schließlich von
intelligenten, technisch versierten Wesen kann dann nichts
Ungewöhnliches sein. Und da allein unsere Milchstraße mehr
als 100 Milliarden Sterne umfasst, die meisten davon älter als
unsere Sonne, sollte eine Vielzahl solcher Zivilisationen existieren, von denen etlichen unser Planetensystem aufgefallen
sein müsste. Selbst wenn es für Lebewesen grundsätzlich unmöglich sein sollte, interstellare Distanzen zu überwinden, so
hätten hinreichend fortgeschrittene Aliens doch Roboterson-
den gebaut, von denen die eine oder andere schließlich auch
bei uns hätte auftauchen müssen.

Solange von ihnen jede Spur fehlt, bleibt die Möglichkeit, dass
die Welt hinsichtlich einer wichtigen Eigenschaft kontingent
ist. Schließlich stellen wir uns Außerirdische nicht als Geister
oder Engel vor, sondern als Lebewesen – als Systeme auf materieller Basis, die komplex genug sind, um zur Evolution fähig
zu sein, zur Anpassung und Weiterentwicklung. Da wir aber
bislang nur von einer Biosphäre wissen, ist offen, ob Leben

immer entsteht, wenn geeignete Bedingungen gegeben sind – oder ob es das Produkt eines äußerst unwahrscheinlichen Zufalls ist, ein kontingentes Phänomen eben: eines, das von den Naturgesetzen zwar ermöglicht, aber nicht notwendig hervorgebracht wird.

Das Problem hätte sich keineswegs erledigt, würden irgendwelche Spuren von Leben im All entdeckt, etwa fossile Bakterien auf dem Mars. Der kontingente Schritt könnte schließlich auch der vom Bazillenniveau zu höheren Organismen sein. Dafür spricht der Befund, dass bakterielles Leben auf der Erde bald nach ihrer Entstehung auftrat, während danach fast zwei Milliarden Jahre vergehen mussten, bis sich komplexere Zellstrukturen entwickelt hatten, und dann noch eine knappe Milliarde Jahre bis zu den ersten Vielzellern. Noch viel weniger ist es ausgemacht, dass in einer höherentwickelten Biosphäre notwendig irgendwann die Schwelle zu jenem abstrakten Denken und Kommunizieren überschritten wird, das man gemeinhin mit dem Begriff der Intelligenz verbindet.

Die Wahrscheinlichkeiten für solche Prozesse sind schlicht unbekannt und können daher auch nicht mit der enormen Größe des Alls verrechnet werden. Da hilft es auch nicht, das Gefühl zu artikulieren, in einem naturwissenschaftlichen Weltbild sei kein Platz für singuläre Erscheinungen. Denn diese Intuition steht hinter dem Kopernikanischen Prinzip, dessen wir uns erst sicher sein können, wenn wir wissen, dass es Außerirdische gibt.

Ulf von Rauchhaupt

Automaten Können Maschinen denken?

Diese offene Frage ist am prominentesten von Alan M. Turing in seinem Aufsatz »Computing machinery and intelligence« aus dem Jahre 1950 als »Can a machine think?« gestellt worden. Die erste offene Frage bei dieser insgesamt rätselhaften Angelegenheit ist, wieso Turing sie überhaupt selbst so stellte, denn er wich ihr sofort aus und ersetzte sie durch eine andere, nicht minder dunkle, nämlich die, ob sich eine menschliche Schiedsrichterin oder ein Schiedsrichter in einem Imitationsspiel genau so oft von einem Manne wie von einer Maschine betrügen ließe. Die ebenfalls sehr offene Frage, warum dies für Turing eine entscheidende Intelligenzleistung wäre, hätte man ihm selbst stellen sollen, aber das geht ja nun leider nicht mehr. Auch die implizite Unterstellung, alle Menschen besäßen Intelligenz, die mit Hilfe des Turingschen Tests auch nachgewiesen werden könnte, scheint ungeklärt, nachdem vor allem Computer, die sich als Autisten oder ukrainische Dreizehnjährige ausgeben, beim Turing-Test so großen Erfolg hatten. So jedenfalls zuletzt an der University of Reading 2014 erforscht. Manche Eltern freuten sich jedenfalls im Anschluss an diesen Erfolg, dass es ihnen gelungen sei, mit ihren eigenen Dreizehnjährigen ein ungefähr fünf Minuten lang dauerndes halbwegs vernünftiges Gespräch zu führen, ihnen also letztlich menschliches Denken unterstellen zu dürfen, was bis dahin eine völlig andere, aber ebenso offene Frage darstellte. Turing selbst musste sich im Übrigen den posthumen Verdacht gefallen lassen, er wäre zu Lebzeiten wohl durch seinen eigenen Test gefallen.

Die Frage, ob Maschinen denken können, wird nicht dadurch leichter zu klären sein, indem wir warten, bis wir endlich Computer gebaut haben werden, die ihrer künftigen menschlichen Umwelt aufgrund ihrer Intelligenz gar nicht mehr auffielen, den Turing-Test also bestünden. Denn dann hätte sie sich erledigt, genau wie die Frage nach dem Wesen des Wassers, wenn man sie einem Fische stellte.

Martin Warnke

Beschleunigung Kann die Globalisierung ein Ende nehmen?

Wir haben, wenn auch etwas mühsam, gelernt, dass es nicht einen Anfang, sondern viele Anfänge der Globalisierung gibt. Wir haben begriffen, dass Globalisierung ein langanhaltender Prozess ist, der Jahrhunderte vor dem Aufkommen des Begriffs der »Globalisierung« einsetzte. Die verschiedenen Phasen beschleunigter Globalisierung begannen jeweils mit der Einführung neuer Technologien der Speicherung und des Transfers von Wissen: mit neuen Möglichkeiten der Navigation und Kriegsführung, der Historisierung aller Wissensbestände, später den transozeanischen Telefon- und Telegraphenkabeln oder den weltumspannenden Datenautobahnen heute. Dass mit den Beschleunigungsphasen Epidemien und Pandemien einhergehen, ist offensichtlich: Syphilis, Gelbfieber (von Kleist facettenreich beschrieben), small pocks oder AIDS, je nach Phase. Aber läuten diese ein Ende der Globalisierung ein? Von Alexander von Humboldt, dem wohl ersten Globalisierungstheoretiker, kann man lernen, wie wichtig es ist, die eigene Phase aus dem Studium der jeweils früheren zu verstehen. Aber was wissen wir wirklich vom Ende der Globalisierung?

Gefährlich wenig. Gut: Wir wissen, dass es nicht *ein* Ende, sondern verschiedene Enden derartiger Phasen gibt. Erstaunlich, dass man sie bislang nicht genauer studierte. Nicht allein anhand historischer Dokumente, sondern im Rückgriff auf die Literaturen der Welt, die als Seismographen nicht an eine Nation, Sprache oder Kultur gebunden sind und mit ihrem vielperspektivischen Wissen die Jahrhunderte und Jahrtausende queren. Ohne sie sind die Enden der Globalisierung nicht zu fassen. Die vielsprachige Welt der Literaturen zeigt: Die Enden der Globalisierung kündigen sich durch Beschleunigungen in der Beschleunigung (wie etwa unsere Finanzkrise) an; durch das Aufflammen von Nationalismen und Totalitarismen – sobald die Konvivenz gekündigt wird und immer mehr Menschen sich weigern, in verschiedenen Logiken zugleich zu denken. Einfache Denkmuster suchen. Und, so Amin Maalouf, tödliche Identitäten ausbilden.

Stets wird, so scheint es, am Horizont bereits die vorherrschende Macht der nächsten Phase erkennbar: nach Spanien und Portugal, nach Frankreich und England sowie nach den USA nun China? Mit dem ungleichzeitigen Enden unserer Phase haben wir heute alle Hände voll zu tun. Höchste Zeit, diese offene Frage anzugehen.

Ottmar Ette

Bewusstsein Wo wohnt der Geist?

Im heutigen Sprachgebrauch hat es sich eingebürgert, Geist und Bewusstsein immer näher aneinander zu rücken. Der menschliche Geist scheint sich unter unserer Schädeldecke eingeschlichen zu haben, wo er wie sein englisches Gegenstück »the mind« hausen soll. Eine wichtige Frage unserer Zeit lautet, wie wir uns eigentlich unser mentales Vokabular der Selbstbeschreibung wieder verständlich machen können. Was heißt es, dass wir geistige oder gar rationale Lebewesen sind? Wir hängen die Begriffe »Geist« und »Bewusstsein« zusammen und sind nicht eigentlich genau für diese Frage die Geisteswissenschaften zuständig? Können sie sich zu einem Forschungsprojekt zusammenfinden, das den Geist aus verschiedenen Perspektiven untersucht?

Markus Gabriel

Bibliothek Wozu Lesesäle?

E in schöner und in allen europäischen Sprachen eingebür-
gerter Ausdruck, der gleichwohl täuscht. Im Lesesaal begegnen sich Texte und Köpfe in kaum vorhersehbarer Weise,
und ein Lesen findet nur als Teil einer vielfach variierten und
komplizierten Choreographie statt: Bücher umstellen die
Menschen, und diese umschleichen die Regale. Wer hält hier
wen in Schach? Die Frage wird nicht weniger dringend in der
heutigen, digital angereicherten Kultur: Sind Texte vor ihrer
Lektüre überhaupt existent? Jean-Paul Sartre glaubte an die
Vollendung des Schreibprozesses bei den Lesern, was aber
wohl eher eine republikanische Selbstüberschätzung darstellt.
Die Idee vom gemeinsamen Werk, heute lebendig unter Wi-
kipedianern, ist in der Literaturgeschichte selten, eigentlich
untypisch. Wie Bücher ihre Individualität und Intransigenz
durch je verschiedene Autorschaft belegen, so dünkt sich jeder
Lesesaalbewohner ein Inselbewohner mit einem Recht aufs
Überraschtwerden.

Wiewohl also Bücher von Menschen und für Menschen geschrieben werden, kann kein Autor überhaupt auf Rezeption
hoffen, und erst recht kein Leser auf »sein« Buch. Lesen ist
noch in unseren Zeiten ausgebildeter Lesekulturen ein Geschehen voller Zufälle, glücklicher und weniger glücklicher
Momente. Hermann Hesse war als Leser und Bücherrezensent
für Zeitungen außergewöhnlich fleißig und bekannte gleichwohl, er vergesse das meiste schnell. Er nahm sich vor, nur das
für wertvoll zu erachten, dessen er sich noch nach einem halben Jahr entsinnen könne. Eine hohe Messlatte für den geistigen Gewinn durch Lesen.

Nun ist es allerdings so, dass im Lesesaal keineswegs nur Lesen als Begegnung und Auseinandersetzung stattfindet, sondern vor allem das Schreiben. Zwar wird nicht jeder ein Schriftsteller, der liest, aber wer ernsthaft, dauerhaft und unaufhaltsam liest, meist schon. Und hier gerät der Begriff des Lesesaals ins Schwimmen, weil er gegen alle Erfahrung suggeriert, Lesen sei ein selbstgenügsames Tun. Tatsächlich gibt es kein Schreiben ohne Lesen. Mithin kann man den Lesesaal auch Schreibwerkstatt nennen. Texte zeugen Texte: Nach George Steiner ist das der Motor der Literaturgeschichte. Und eben solche Geburten fördert der Lesesaal, der reale wie der ideale, und gibt sich als ein Raum fürs Offene zu erkennen. Anders gesagt, ist er ein offener Raum für anregenden Zufall, Bildung durch Kritik und Kreativität. Bleibt festzustellen, dass ein derartig prekärer, sozial wie kognitiv und kommunikativ konstituierter Ort der Wissensgesellschaft bis heute nicht begriffen ist.

Ulrich Johannes Schneider

Big Data Gibt es bald mehr Antworten als Fragen?

Nun also auch die Fußball-Nationalmannschaft: Hat *Big Data* etwa die WM gewonnen? Die Nutzung von Spielanalyse-Softwares wie *Match Insight* – von SAP gemeinsam mit dem DFB entwickelt – macht den zukünftigen Einfluss von Computermedien auf sportlichen Erfolg bereits heute plastisch. Die automatisierte, digitale Durchmusterung und Zusammenführung zigtausender konkreter Spielsituationen, Spielerverhaltensweisen und Leistungsdaten soll die Unwägbarkeiten abstrakter ›Spielphilosophien‹ objektivieren, wie sie noch analog mit Pfeilen auf Taktiktafeln notiert wurden. »Entscheidend is auf'm Platz« – Adi Preißlers berühmtes Motto hat einen Gutteil seiner Gültigkeit verloren. Denn die Software analysiert z.B. zuvor nicht wahrnehmbare Bewegungsmuster und liefert so Antworten auf Fragen, die im Vorhinein oft einfach nicht gestellt werden können.

Im Jahr 2008 prägte Chris Anderson – damals Chefredakteur der Zeitschrift *Wired* – den Begriff des »Petabyte Age«: Im Angesicht einer alle Gegenstandsbereiche betreffenden, in den ›Clouds‹ gewaltiger Datenfarmen gespeicherten, zuvor ungekannten Menge digitaler *Big Data* erschlössen nicht nur Suchmaschinenfirmen und Soziale Medien ganz neue Wissensbereiche. Es stehe gar die Googleisierung der gesamten Wissenschaft an – und damit »das Ende der Theorie«. Denn immer feinziseliertere Algorithmen würden, so Anderson, Muster finden und Zusammenhänge erkennbar machen, auf die kein klassisch vorgehender, hypothesengeleiteter Wissenschaftler gekommen wäre: Die computerisierte Suche nach Korrelationen in Daten könne die Frage nach Kausalitäten und kohärenten theoretischen Modellen ersetzen: »With enough data, the numbers speak for themselves«, so Anderson.

Nun stellte angeblich bereits Pablo Picasso fest, dass das Problem mit Computern im Allgemeinen sei, dass sie eben lediglich Antworten produzieren. Ganz paradigmatisch generiert in Douglas Adams' fünfbändiger »Trilogy of Four« *Per Anhalter durch die Galaxis* der Supercomputer *Deep Thought* nach 7 Millionen Jahren Rechenzeit bekanntlich die Antwort ›42‹ auf die Frage nach dem »Sinn des Lebens, dem Universum und dem ganzen Rest« – kann jedoch den genauen Wortlaut der Frage nicht mehr rekonstruieren. Andersons provokatives Statement hingegen wurde schnell viel weniger ironisch demontiert: *Data-driven science* muss sich sehr bewusst machen, was ›Daten‹ sind, wie sie medientechnisch produziert werden, welchen Verzerrungen sie unterliegen, auf welchen Grundannahmen ihr *retrieval* beruht – und welche von Softwares generierten Korrelationen z.B. kompletter Unsinn sein mögen. Computer quantifizieren nur das, was quantifizierbar ist. Und sie berechnen nur das, was im Bereich der Berechenbarkeit liegt. So gilt es auch weiterhin, datengetriebene Ansätze mit guten Fragen zu rahmen: Fragen, die weiter weisen als auf reine Positivitäten. Fragen, die das Quantitative mit dem Qualitativen verbinden. Und d.h. vor allem auch Fragen nach dem Sinn des Lebens, dem Universum und dem ganzen Rest.

Sebastian Vehlken

Bildungswesen Seit wann sprechen wir in der Schule nicht mehr Latein?

Alle Schüler wissen, dass die Adligen »früher«, im 18. Jahrhundert, Französisch sprachen. Aber weder Schüler noch Lehrer wollen wissen, dass die Lehrer »früher« Lateinisch sprachen. Deswegen ist es eine offene Frage, wann das lateinische Bildungswesen vom deutschen abgelöst wurde.

Wir lesen bei Karl Philipp Moritz, dass Anton Reiser als Sekundaner in Hannover 1772 fehlerfrei Latein schrieb, aber von deutscher Grammatik keine Ahnung hatte.

Wir hören, dass Goethe im Sommer 1771 in Straßburg mit 56 lateinischen Thesen für den Grad eines Lizentiaten disputierte, auf lateinisch, auch wenn er seinen Opponenten Lersé auf Deutsch anfuhr. Wenige Jahre später ging sein Vater in dem lateinisch geführten Haushaltsbuch (*liber domesticus*) zum Deutschen über.

Wir wissen, dass die großen Philosophen der Aufklärung sowohl deutsch als lateinisch publizierten. Als Moses Mendelssohn und Aaron Gumpertz 1746 einen Philosophiekursus im Berliner Joachimthalschen Gymnasium besuchten, wurde der lateinisch vorgetragen.

Auf dem Büchermarkt verschob sich das Sprachverhältnis. 1740 wurden mehr als ein Viertel lateinische Publikationen angeboten (27 %), 1780 ein Sechstel (17 %) der nunmehr verdoppelten Menge, davon ein Großteil Universitäts- und Schulschriften. Aber wer will sagen, wie viel Werke aus dem lateinisch-katholischen Süden und Westen dabei fehlen?

In Würzburg ließ sich der geistliche Rat Michael Ignaz Schmidt trotz großer Bedenken überreden, seine Anweisung zum katholischen Religionsunterricht (*Methodus catechizandi*, 1768) neuerdings ins Deutsche übersetzen zu lassen (*Der Katechist*, 1772).

Der erste protestantische Jurist, der deutsche Vorlesungen forderte und hielt, war Christian Thomasius in Leipzig mit seinem Diskurs von Nachahmung der Franzosen (1687). Der erste katholische Jurist, der ihm darin nachfolgte, war Joseph Anton von Riegger in Freiburg (1765). Im Jahr 1784 befahl Kaiser Joseph II., allen akademischen Unterricht in seinem österreichischen Machtbereich auf Deutsch abzuhalten.

Schon in der ersten Hälfte des 18. Jahrhunderts wurden neue Disziplinen, so die Wirtschafts- und Polizeywissenschaften oder die Deutsche Rhetorik, auf Deutsch vorgetragen, doch wie es in Theologie, Jura und Medizin zuging oder wann die Vorlesungsverzeichnisse deutsch wurden, ist verstecktes Wissen. Bildungstraditionen sind zäh. Als der Stadtrat von Basel 1747 anregte, über Schweizer Geschichte auf Deutsch zu lesen, lehnte die Universität wegen Universalität des Lateins ab; erst 1818 wird eine deutschsprachige Dissertation in Basel angenommen, seit 1822 erscheinen die Vorlesungsverzeichnisse auf Deutsch.

»Um 1700«, schreibt Jürgen Leonhardt in seinem Buch *Latein. Geschichte einer Weltsprache* (2009), »war Deutschland das lateinischste aller europäischen Zentralländer, um 1850 waren die Reste aktiven lateinischen Sprachgebrauchs geringer als in Frankreich, England oder Italien.« Aber man weiß nicht, was dazwischen passierte, kein zentrales Ereignis hilft die Erzählung zu homogenisieren; an zu vielen Orten, in zu vielen Institutionen, zwischen zu vielen Zeitpunkten geschah aber doch etwas, geschah das Ende von Etwas.

In unseren Zeiten wäre es schon gut zu wissen, dass unsere Bildung eine europäische Vergangenheit in fremden Zungen hat, und wie das aufhörte.

Heinrich Bosse

Buchgestalt Welche Rolle spielt die Form in den Geisteswissenschaften?

S pielt es bei der intellektuellen Auseinandersetzung mit anspruchsvollen Werken der Geisteswissenschaften eine Rolle, in welcher materiellen Gestalt uns diese Werke publizistisch präsentiert werden? Ist es etwa relevant, dass uns der Einband eines dicken Buches über »Funktion und Folgen formaler Organisation« in einer anderen Farbe entgegentritt als der Einband eines schmalen Büchleins über die »Ästhetik des Verschwindens«? Die Frage, in welchem Verhältnis der Geist zu seinem auch gegenwärtig meist noch buchförmigen Gewand steht, ist offen.

Ein guter Beleg dafür, dass es sich überhaupt lohnt, diese Frage zu stellen, ist »De la justification«. Die von den beiden französischen Gesellschaftswissenschaftlern Luc Boltanski und Laurent Thévenot 1991 gemeinsam veröffentlichte soziologische Studie »Über die Rechtfertigung« (so der Titel der deutschen Übersetzung) wurde mittlerweile vielfach diskutiert und in mehrere Sprachen übersetzt. Tatsächlich handelt es sich bei »De la justification« aber um die zweite Ausgabe eines Buches, das in Frankreich bereits vier Jahre zuvor in einer anderen Einbandfarbe und unter einem anderen Titel erschienen war.

In der zweiten Ausgabe widmen sich Boltanski und Thévenot in einem umfassenden Vorwort unter dem Titel »Wie wir dieses Buch geschrieben haben« (»Comment nous avons écrit ce livre«) zwar der Genese des Werks. In dieser etwas weitschweifigen Schilderung des eigenen Denkweges erwähnen die Autoren aber nicht, dass das Werk bereits 1987 schon einmal erschienen war. Die erste Ausgabe erschien nämlich unter dem Titel »Les économies de la grandeur« im Forschungsprogramm »PROTÉE« in der Reihe »cahiers du centre d'études de l'emploi« beim Verlag »Presses Universitaires de France«. Vier Jahre später erscheint die zweite Ausgabe unter dem Titel »De la justification« in der renommierten Reihe »NRF Essais« beim Publikumsverlag »Gallimard« – der vormalige Titel »Les économies de la grandeur« ist nun in den kleingedruckten Untertitel gerückt.

Diese interessante Konstellation erlaubt, einen Vergleich anzustellen zwischen der ersten Ausgabe von 1987, die heute niemand kennt, und der zweiten Ausgabe von 1991, die ein viel rezipierter internationaler Theorie-Klassiker geworden ist. Der Soziologe Bruno Auerbach hat in einem glänzenden Aufsatz (Génétique de l'imprimé et sociologie, in: Genesis 29, 2008) beide Ausgaben minutiös miteinander verglichen und wichtige Beobachtungen angestellt. Auerbach beschreibt, dass sich sowohl das Format und die Umschlaggestaltung verändert haben als auch das Innere des Buches: Von der ersten zur zweiten Ausgabe hat sich die Anzahl der Zitate verringert; die zweite Ausgabe hat weniger Anmerkungen als die erste; die Fußnoten der ersten Ausgabe sind in der zweiten zu Endnoten geworden.

Darüber hinaus sind die Anhänge der ersten Ausgabe in der zweiten ersatzlos gestrichen. Wo die erste Ausgabe technische Passagen in einer kleineren Schriftgröße präsentierte, werden diese Passagen in der zweiten Ausgabe in der normalen Schriftgröße präsentiert, aber eingerückt und mit Marginalnoten versehen. Weiterhin rückt das Inhaltsverzeichnis, das 1987 vorne stand, wie es auch bei französischen Universitätsschriften gar nicht selten ist, 1991 nach hinten, wie es bei allen Publikationen für ein größeres Publikum gängig ist. Kurz: Durch die

Gestaltung des Textes ist aus einer akademischen Arbeit, die in einem klar markierten disziplinären und institutionellen Kontext verankert ist, ein freistehender Theorie-Essay geworden, der ein größeres akademisches Publikum adressiert.

Neben diese gleichsam makroskopischen Veränderungen treten mikroskopische: Die Syntax wurde überarbeitet. Ebenso die verwendete Begrifflichkeit, wobei eine soziologische und wissenschaftstheoretische Fachterminologie durch eine vagere Terminologie ersetzt wurde, die sich stärker an Alltagsausdrücken orientiert. Weiterhin hat im Rahmen der Überarbeitung eine doppelte Personalisierung stattgefunden: Das Autorenkollektiv Boltanski und Thévenot ist in der zweiten Ausgabe durch die häufigere Verwendung der zweiten Person Plural viel stärker präsent und die Argumente des Kollektivs werden nachdrücklicher als singuläre Positionen inszeniert. Man kann hier also eine publizistisch gesteuerte Präsentation der Autoren beobachten, die weniger deren Einbettung in einem disziplinären Diskurs betont, als einen emphatischen Anspruch auf originelle Einzelpositionen ausstellt.

Der Vergleich Auerbachs erlaubt zu erkennen, welche komplexen Verfahren eine Rolle spielen, wenn ein hyperprofessionelles Werk, das sich nur an einen kleinen Kreis von disziplinär festgelegten Kollegen richtet, in ein geisteswissenschaftliches Theorie-Buch verwandelt werden soll, das auch außerhalb dieser Kreise wirksam ist. Die Transformation des Textes von der arkanen fachsoziologischen Studie der ersten Auflage zum vielgelesenen Theorie-Essay der zweiten Auflage ist nämlich nicht allein mit einer Vereinfachung der Wissenschaftssprache verbunden. Es geht nicht nur darum, dass die Lektüre erleichtert wird. Vielmehr erlaubt die verlegerische Umformatierung des Buches dem Leser, nun auch eine ganz neue Lektürehaltung einzunehmen: Die rhetorische Personalisierungsstrategie erlaubt, Boltanski und Thévenot nun nicht mehr nur als Fachsoziologen, sondern auch als eigenständige Philosophen oder Theorie-Autoren mit ausgeprägten persönlichen Ansichten wahrzunehmen.

Schließlich bringt der Austausch der Fachterminologie durch eigene, an Ausdrücken der Alltagssprache orientierte Begriffsprägungen eine Steigerung des konnotativen Charakters der Theorie-Sprache mit sich. Damit geht das Erfordernis einer exegetischen Lektüre einher: Dem Leser wird nun nämlich genau die höhere konstruktive Eigenleistung abverlangt, die dieser von seinen Klassiker-Lektüren kennt. Aus einer theoriegesättigten soziologischen Fachstudie wird für den Leser auf diese Weise ein allgemeines, für alle intellektuell Interessierten potentiell relevantes Theorie-Werk, dessen individuell anmutende Terminologie zwar erst mühsam erschlossen werden will – dann aber die gesamte soziale Welt mit einem ganz neuen Schlüssel aufzuschließen verspricht.

Die deutlich divergierende Rezeption der beiden französischen Ausgaben von »De la justification« scheint ein Effekt ebenso subtiler wie entscheidender Veränderungen in der verlegerischen Einrichtung gewesen zu sein. Die Tatsache, dass in diesem Fall wohl nicht nur der geistige Gehalt, sondern auch das buchförmige Gewand, in das dieser Geist sich kleidet, die Wahrnehmung eines soziologischen Werks geprägt hat, wirft nicht bloß eine, sondern viele offene Fragen auf: In welchem Umfang wird auch die Lektüre von anspruchsvollen geisteswissenschaftlichen Werken von ihrer Einrichtung durch den Verlag mitbestimmt? Sollten sich die Leser überhaupt dafür interessieren, ob die Veränderungen von den Autoren selbst oder von dem Verlag initiiert worden sind? Und: Welche Veränderungen würden dazu führen, dass wir nicht mehr von zwei Buchfassungen eines wissenschaftlichen Werks, sondern von zwei unterschiedlichen Werken sprechen müssten?

Carlos Spoerhase

Chancengleichheit Sind Los-
entscheidungen vernünftig?

E ine Entscheidung durch das Los herbeizuführen heißt, einen Zufall zu organisieren: Man formuliert eine präzise Frage, man bestimmt, dass und wie diese Frage durch Würfel- wurf, das Ziehen von Losen oder wie auch immer »blind« ent- schieden wird, und man unterwirft sich dem Ausgang dieses Verfahrens im Voraus. Dieses Arrangement stellt vollständige Chancengleichheit der Optionen her und macht die Entschei- dung für die Beteiligten unverfügbar. Man verzichtet auf das Abwägen der Alternativen. Kann ein solcher Verzicht auf Rati- onalität seinerseits rational sein?

Wie immer bei solchen Fragen kann man natürlich sagen: Es kommt darauf an. Es kann vernünftig sein, den Zufall entscheiden zu lassen, zum Beispiel immer dann, wenn die Optionen tatsächlich vollkommen gleich oder wenn sie umge- kehrt inkommensurabel sind, wenn es eine unüberschaubare Vielzahl an konkurrierenden Kriterien für eine ›richtige‹ Ent- scheidung gibt, wenn die notwendigen Informationen nicht zur Verfügung stehen, wenn die Unkosten zur Ermittlung der besten Option übermäßig hoch sind, kurzum: wenn es wichti- ger ist, überhaupt zu entscheiden, als ›richtig‹ zu entscheiden. Das Los entlastet von allerlei sozialen Zumutungen, die das Entscheiden mit sich bringt, es befreit von unerwünschter Einflussnahme und bestehenden Machtkonstellationen, es ist unparteilich und verhütet Gesichtsverlust.

Doch warum lost man dann nicht viel öfter? Tatsächlich wer- den heutzutage Vorschläge, Entscheidungen in politischen

Zusammenhängen von großer Tragweite – etwa bei Wahlen – auszulosen, meist als ironisch und frivol empfunden. Das war nicht immer so; in anderen Epochen griff man wesentlich öfter zum Los als heute, und zwar keineswegs nur dann, wenn man an die göttliche Lenkung des Zufalls glaubte. Warum ist das so? Was sagt das über unser heutiges Verhältnis zum Entscheiden ganz allgemein? Über unser Bedürfnis nach Rationalität? Über die Unerträglichkeit des Gedankens, dass Entscheiden immer kontingent ist, das heißt, immer ein Moment der Willkür enthält?

Barbara Stollberg-Rilinger

Christianisierung Wann glauben Religionen an sich selbst?

Von ihrer frühesten Zeit an waren die Christen auf Missionierung ausgerichtet. Schon Jesus selbst nahm lebendige Gläubigkeit auch außerhalb der Grenzen des jüdischen Volkes wahr und verkündete eine frohe Botschaft, die sich an alle Menschen richtete und nicht nur an ein Volk oder eine Religionsgemeinschaft. Das Evangelium nach Matthäus zitiert den sogenannten Missionsbefehl Jesu, der die Jünger auffordert, zu allen Völkern zu gehen und sie zu Jüngern zu machen. Schon um die Mitte des ersten Jahrhunderts begann der Apostel Paulus seine rastlose Reise- und Korrespondenztätigkeit. Ein Zweifel an deren Erfolg kam an keiner Stelle auf. Und tatsächlich ist die Geschichte des Christentums in Europa lange Zeit die einer unaufhaltsam erscheinenden Durchsetzung des neuen Glaubens. Rückschläge wie der Verlust Nordafrikas an die Muslime wurden als nur vorübergehend wahrgenommen und konnten das missionarische Selbstgefühl nicht erschüttern.

Heute dagegen herrscht in Europa weithin das Gefühl, dass das Christentum unwiederbringlich im Schwinden sei und vielleicht überhaupt keine Zukunft mehr habe. Immer wieder wird die Frage gestellt, ob das Christentum in der »Moderne«, was immer diese ist, überleben könne. Seit wann aber und wo genau fand eigentlich die Umdrehung dieser Erwartung statt? Zum Teil geht sie sicher auf den missionarischen Optimismus derer zurück, die sich persönlich vom christlichen Glauben distanzieren, sein Verschwinden erhoffen oder aktiv herbeizuführen versuchen. Aber die Umkehrung der Erwartung findet sich sehr wohl auch bei Gläubigen, die resigniert haben, ja selbst bei Priestern und Bischöfen, die müde geworden sind und alles versucht zu haben meinen, ohne große Erfolge ihrer Bemühungen erkennen zu können. Im 19. Jahrhundert war die These fortschreitender Säkularisierung in Europa schon weit verbreitet. Im 18. Jahrhundert findet sie sich auch bereits vereinzelt, etwa beim Preußenkönig Friedrich II. und seiner Umgebung. Im Roman »Tristram Shandy«, von einem Geistlichen (Lawrence Sterne) verfasst, heißt es in den 1760er Jahren, dass in einem halben Jahrhundert das Christentum aufgehört haben werde zu existieren. Der älteste mir bekannte Beleg stammt von dem englischen Freidenker Thomas Woolston aus den Anfangsjahren des 18. Jahrhunderts. Gab es vorher keine solchen Gedanken? Oder wurden diese durch die Zensur nur unterdrückt? Wann und wo setzte diese Umkehrung genau ein?

Die zunehmende Globalisierung des Christentums heute schafft ein neues Bewusstsein für seine frühe Ausbreitung in Afrika und Asien bis hin nach China. Dort aber ging es an den meisten Stellen wieder unter. Was lehrt uns dieser Untergang und warum erscheinen die Chancen des Christentums heute oft dort größer als in Europa?

Hans Joas

Computer Ist der Algorithmus ein trojanisches Pferd?

Menschen sind die intelligenten Erbauer von Maschinen und ihnen turmhoch überlegen. An diesem Superioritätsbewusstsein nagte von Anfang der Zweifel. Im Computerzeitalter wurde die alte Frage nach der künstlichen Intelligenz neu gestellt. 1950 schlug Alan Turing einen nach ihm benannten Test vor, der es ermöglichen sollte, die philosophische Frage nach der Unterscheidbarkeit von Mensch und Maschine experimentell zu beantworten. Im Verlaufe der 1950er Jahre stellte sich das Problem verstärkt praktisch. Die Automatisierungsthese behauptete, dass die Algorithmen den Arbeitenden die Arbeit wegfressen. Emotional intelligente Maschinen wandern in Dienstleistungssektoren ein und übernehmen Care-Funktionen. Sobald menschliche Fähigkeiten und Eigenschaften formal als Kalkül und Kontrolle beschreibbar werden, kann digitale Technik das Problem besser lösen. Generell katapultieren Software und Schaltkreise die Potenziale von Protokollen, Programmen und Netzwerken in neue Größenordnungen hinein. Automatisierung produziert weitere Automatisierung. Menschen verstehen sich zunehmend selber als hyperkomplexes Ensemble von Algorithmen. Das verhilft neuen Typen von Automaten auf die Sprünge. In der technischen Zivilisation ist eine Roboter-Revolution im Zeichen von Big Data im Gange? Werden es künftig symbolische Maschinen sein, die mit Menschen einen reziproken Turing-Test anstellen? Und wer könnte in diesem Fall noch wissen wollen, ob Algorithmen ein trojanische Pferd gewesen sind?

Jakob Tanner

Demokratie Warum haben sich einige Länder für das relative, andere für das absolute Mehrheits- wahlrecht entschieden?

Ach, die Politikwissenschaftler und das Wahlrecht – gibt es eine langweiligere Materie? Aber halt, einen Moment! Ein OECD-Land mit Mehrheitswahlrecht hatte im Zeitraum 1945–2012 eine Zweidrittel-Chance, von einer konservativen Regierung regiert zu werden. In einem Land mit Verhältnis- wahlrecht war die Wahrscheinlichkeit einer linken, einer zentristischen oder einer konservativen Regierung in diesem Zeitraum hingegen in etwa gleich – bei jeweils einem Drittel. Wenn es Ihnen nicht vollkommen gleichgültig erscheint, ob eine linke oder eine rechte Regierung ein Land regiert, sollten Sie also weiterlesen. Denn es schließt sich ja die Frage an, was darüber entscheidet, welches Land welches Wahlsystem hat.

Diese Debatte wird seit langem geführt, und eine prominente Erklärung lautet: dort, wo das bürgerlich-konservative Par- teienspektrum zersplittert war und sich einer geschlossenen Linken gegenüber sah, fürchtete es, dass die aufstrebende Ar- beiterbewegung unter dem Mehrheitswahlrecht in absehbarer Zukunft absolute Mehrheiten erreichen könnte – und votierte daher für das Verhältniswahlrecht, das absolute Mehrheiten einzelner Parteien extrem unwahrscheinlich macht. Die Ver- hältniswahl sei also eine Schutzmaßnahme zur Eindämmung des Aufstiegs der Sozialdemokratie gewesen. Diese Hypothe- se scheint in mehrfacher Hinsicht problematisch. Nehmen wir nur den deutschen Fall: eine anti-sozialistische Maßnahme 1918 im Zuge der Novemberrevolution vom Rat der Volksbeauftragten, also von SPD und USPD eingeführt?

Historisch stellte sich die Frage aber auch gar nicht als simple Entscheidung zwischen Mehrheits- und Verhältniswahl, sondern als Frage, ob Länder mit *absoluter* Mehrheitswahl – also Länder, in denen die meist erst in der Stichwahl ermittelte absolute Stimmenmehrheit im Wahlkreis notwendig ist, um ihn zu gewinnen – zur Verhältniswahl wechselten. Denn unter der *relativen* Mehrheitswahl – also etwa dem britischen first-past-the-post System – war ein solcher Wechsel extrem unwahrscheinlich, hätte er doch bedeutet, dass sich das bei diesen Wahlregeln gewöhnlich ergebende Zweiparteiensystem freiwillig in ein Mehrparteisystem transformiert hätte. Durch die Logik der Wahlabsprachen in den zwei Runden der absoluten Mehrheitswahl konnten sich hier jedoch Mehrparteiensysteme etablieren – was den späteren Übergang zur Verhältniswahl weniger unwahrscheinlich machte. Das führt nun allerdings zur vorgelagerten, bis heute kaum adressierten und daher bislang ungelösten Frage: was erklärt dann, warum einige Länder nach der absoluten und andere nach der relativen Mehrheitswahl wählen ließen?

Philip Manow

Demonstrationen Wann
entsteht Protest?

Entsteht Protest eher in einem geschlossenen sozialen System – sei es ein Betrieb, eine Partnerschaft oder ein ganzes Land – oder eher in einem offenen? Der jüdisch-amerikanische Soziologe und Ökonom Albert O. Hirschman vertrat in seinem klassischen Werk »Exit, Voice, and Loyalty: Responses to Decline in Firms, Organizations, and States« von 1970 die Auffassung, dass bei Leistungsabfall die Wahrscheinlichkeit von Protest unter den Bedingungen von systemischer Geschlossenheit wächst, unter den Bedingungen von Offenheit hingegen sinkt. In sozial offenen Systemen sei im Falle wachsender Unzufriedenheit Abwanderung mit weniger Kosten verbunden als Widerspruch und Kritik. Wer abwandere, treffe eine rein private Entscheidung, die erst dadurch, dass sie viele vollziehen zu einem kollektiven Phänomen werden könne; wer seine Unzufriedenheit durch Protest zum Ausdruck bringen wolle, müsse mit Gegenwehr rechnen, benötige Verbündete und müsse den Protest daher organisieren.

Der unerwartete Zusammenbruch der DDR legt jedoch das Gegenteil nahe. Die Massendemonstrationen auf den Straßen Leipzigs, Dresdens und Plauens entstanden im Zusammenhang mit der Massenflucht von DDR-Bürgern über die ungarisch-österreichische Grenze, ja wurden durch sie ausgelöst. Hat Abwanderung also im Gegensatz zur Auffassung Hirschmans einen den internen Protest befördernden Effekt? Und wie sähe in einem solchen Fall die Handlungslogik der Protestierenden aus? Muss man eine gewisse Loyalität der

Demonstranten gegenüber der DDR unterstellen? Hat erst die
Massenflucht die DDR-Bürger aus ihrer Lethargie gerissen?
Es ist offensichtlich, zunehmender Druck in einem geschlossenen System bringt nicht automatisch Protest hervor. Dafür
sind zusätzliche Bedingungen erforderlich – sich erweiternde
Gelegenheitsstrukturen, kollektiv geteilte Situationsdeu-
tungen, politische Organisationsmöglichkeiten, alternative
Handlungschancen. Ohne zunehmenden Druck im Kessel
kommt es allerdings auch nicht zu Protest. Was macht die
Revolte wahrscheinlicher – zunehmende Abschottung oder
zunehmende Öffnung? Lässt sich vielleicht ein Kipppunkt
ausmachen, an dem Lethargie in Protest umschlägt?

Detlev Pollack

Digitalisierung Wie lesen
wir morgen?

Die Vielfalt der heute zur Verfügung stehenden digitalen Ressourcen ist ein unschätzbarer Gewinn für die Geisteswissenschaften. Ihre Bedeutung wird weiter wachsen. Dieser Gewinn ist allerdings mit der schleichenden Gefahr substantieller Verluste verbunden. Bereits die Möglichkeit, digitalisierte Texte in Sekundenschnelle nach Stichwörtern zu durchsuchen, beeinflusst unser Leseverhalten. Immer seltener liest man ganze Bücher, man liest sie nicht einmal mehr kursorisch quer. Das höchst effiziente Arbeitsinstrument der online-Recherche etabliert mit Macht eine neue Zeitökonomie; wer beispielsweise an einer Dissertation sitzt, wird sich immer weniger die Muße gönnen, über das Gesuchte hinaus weiterzulesen.

Dadurch schwindet der Fundus des Gelesenen, der die Basis geisteswissenschaftlichen Denkens darstellt. Es ergibt sich leicht ein Tunnelblick, der das blockiert, was die Engländer mit dem schönen Wort *serendipity* bezeichnen: das überraschende Auffinden von etwas überaus Wertvollem, das man nie von sich aus gesucht hätte.

Die neuen Suchverfahren führen unter der Hand zu einer Neukonstruktion der Vorstellung von Wissen: Wissen wird zunehmend als etwas gedacht, das man sich jederzeit bedarfsorientiert und punktuell aus dem Netz ziehen kann, und weniger als etwas, das man sich in einem langen, sehr viel offeneren Prozess durch Auseinandersetzung mit breiteren Kontexten aneignen müsste. Die Vorschule für diese Denkweise, durch die die meisten Studierenden bereits als Kleinkinder geprägt werden, sind Suchmaschinen wie Google. Die Bereicherung durch die Digitale Revolution geht so mit einer Verarmung einher; dies ist in der akademischen Lehre täglich mit Händen zu greifen.

Es ist erstaunlich, dass diese Problematik, die uns eigentlich unter den Nägeln brennen müsste, noch nicht sehr viel stärker ins öffentliche Bewusstsein gehoben wurde. Es gilt, in einer interdisziplinären Debatte nach Antworten auf diese wissenschaftspraktische und bildungspolitische Herausforderung ersten Ranges zu suchen.

Christoph Heyl

Dingsbums Wer oder was ist Odradek?

Bekanntlich sind bisher alle Versuche gescheitert, auf die Frage, wer oder was Odradek ist, eine mehr als vorläufige Antwort zu finden. Unübersehbar wächst in jüngerer Zeit die von diesem Scheitern genährte Neigung, an die Stelle der Suche nach einer Antwort die Theorie der Unbeantwortbarkeit der Frage zu setzen. Gern verweisen die Schriftgelehrten auf den Spott, der schon beim ersten Auftauchen Odradeks den Gelehrtenstreit traf, in dem die einen den slawischen, die anderen den deutschen Ursprung des Wortes »Odradek« behauptet hatten, ohne dadurch dem Sinn des Wortes auch nur einen Schritt näher zu kommen. Der Spott lag seitdem auf der Lauer, wo auch immer versucht wurde, die Frage nach Odradek zu beantworten.

Wer will schon solchem Spott ausgesetzt sein? Die Schriftgelehrten empfahlen, die Frage auf sich beruhen lassen, wandten ihre Aufmerksamkeit dem Wesen zu, das die Frage in die Welt gesetzt hatte, und kamen zu dem Schluß, Odradek sei nichts anderes als ein – freilich nur für Schriftgelehrte erkennbares – Selbstporträt dieses Wesens, eine Chiffre seiner Neigung, der Welt Rätsel aufzugeben, die sich nicht lösen lassen. Die flache sternförmige Zwirnspule, der Odradek gleicht, blieb freilich durch solche Versuche, der verzweifelnden Neugier ein bequemes Ruhekissen anzubieten, unberührt, ebenso die Antwort Odradeks auf die Frage, wo er wohnt: »Unbestimmter Wohnsitz«, sagt er bekanntlich, und lacht. Wenn überhaupt, so ist künftig von diesem Lachen Aufschluß über Odradek zu erwarten, der Ding und Lebewesen zugleich zu sein scheint, Zwirnspule, aus deren sternförmiger Mitte ein kleines Querstäbchen herauskommt und lungenlose, aber doch wohl leibhaftige Stimme, deren Lachen etwa so klingt wie das Rascheln gefallener Blätter oder die längst verklungenen Stimmen aus den Detektorradios, die in Technik-Museen ihre aus textilummantelten Drähten geflochtenen Antennen in die Luft strecken und deren Stecker jenen Beinchen ähneln, auf denen Odradek steht. Sein Wohnsitz wird unbestimmt bleiben, trotz aller Fortschritte der Kunst, Wohnsitze zu bestimmen.

Lothar Müller

Eigeninteresse Warum schaden Menschen sich selbst?

Eigentlich möchte ich fragen, warum Menschen sich selbst schaden. Ich beobachte das bei anderen wie auch bei mir selbst. Auf den ersten Blick scheint die Antwort einfach: Dummheit. Aber es passiert eben auch vielen klugen Leuten. Überhaupt lässt sich diese Frage mit den Mustern der individuellen Psychologie nur teilweise beantworten. Damit sich so viele an dem Schauspiel beteiligen, muss es auch kollektive Verhaltensmechanismen geben. Denn wenn sich viele Individuen unerklärlich und dennoch ähnlich verhalten, dann ist hier mehr am Werke als das einzelne Ich.

Je mehr man nach dem ›Sinn‹ der Selbstschädigung fragt, desto deutlicher wird daraus die Frage: Warum schadet die Menschheit sich selbst? Wo, bitte schön, liegt der Gewinn für all das, was sie sich antut? Dieser Selbstschaden ist inzwischen so groß, dass man schon gar nicht mehr mit dem Aufzählen beginnen mag – Umweltschäden, Krankheitserreger, Finanzdebakel … Was hindert uns eigentlich, es uns gut gehen zu lassen? Die Antworten kommen schnell: Bürokratie – die kollektive Form der Dummheit? Das reicht nicht als Antwort. Es gibt ja auch intelligente Bürokratie. Selbstzerstörung im Namen einer übergeordneten Sache? Gelegentlich mag das der Fall sein. Nur die, die besonders rücksichtslos vorgehen, haben oft gerade nicht das Übergeordnete oder das Langfristige im Sinn. Konkurrierende Eigeninteressen? Das kommt der Sache schon näher. Aber müssen Eigeninteressen zwingend im Gegensatz zum Ganzen stehen?

Die Tatsache, dass sich heute viele die Frage nach dem Grund
für den Selbstschaden stellen und keine Antwort darauf wissen, mindert nicht ihre Berechtigung. Oder lautet die Antwort
ganz einfach: Schaden ist menschlich? Das würde allerdings
bedeuten, dass die Welt einen Dachschaden hat – in Gestalt
des Menschen. Schade.

Christina von Braun

Eindeutigkeit Ist alles
unbestimmt?

I st in unserer Welt noch etwas »eindeutig«? Oder anders
gefragt: Darf noch etwas »eindeutig« sein? Bestimmte
Vorkommnisse müssen zwar »brutalst möglich« aufgeklärt
werden. Aber die Prämissen für unsere Ordnungs- und Wer-
tevorstellungen sind umstritten. Denn wir wollen die Dinge
offen lassen, um uns anderen Kulturen zu öffnen. Wir sehen
einen großen Wert in einem ständigen »kulturellen Austausch« (cultural flow), und dafür müssen wir uns von der
»Eindeutigkeit« verabschieden. Das bedeutet freilich, dass
wir uns auch von der Kategorie »Wahrheit« trennen müssen.
Denn »Wahrheit« verlangt das Prinzip der Eindeutigkeit.
Wenn wir uns diesen Zusammenhang klar machen, erkennen
wir mit einem Schlag die gewaltigen Implikationen, die in
diesem Prozess liegen.

Die europäisch-westliche Kultur ist in höchstem Maße auf der
Übereinkunft aufgebaut, dass die Erkenntnis der Wahrheit
auch die Erkenntnis von Gut und Böse hervorbringt. Diese
Überzeugung reicht weit zurück in die griechische Philosophie. Aber für Europa wurde sie durch die Maßnahmen
wirksam, die von Karl dem Großen und seiner Bildungselite
um 800 in Gang gebracht wurden. Dafür wurden zahlreiche
Wissensspeicher in Form großer Bibliotheken angelegt. Die
Bücher wurden in einer neu entwickelten Schrift – der Karo-
lingischen Minuskel – geschrieben, die so klar und eindeutig
war, dass wir sie heute noch (und zwar auf der gesamten Welt!)
verwenden. Wir nennen sie irrtümlich lateinische Schrift.

Zudem wurden unter Karl dem Großen die Methoden der Wahrheitssuche eingeübt, das heißt, das Denkvermögen und die Argumentationskunst (Dialektik), die Sprachbeherrschung (Grammatik) und schließlich die klare Kommunikation (Rhetorik). Aber auch die Disziplinen für die Erkenntnis der Ordnung der Welt und des Kosmos und ihrer Gesetze (Geometrie, Arithmetik, Astronomie und Musik) sollten angewandt und weiterentwickelt werden. Das brauchte seine Zeit, aber im 12. Jahrhundert entstanden auf Grundlage dieser Impulse die europäischen Universitäten (sie sind keine Erfindung Amerikas, wie heute vielfach vermutet wird). Ihr vornehmstes Ziel war die Wahrheitssuche. Zunächst ging es um die Wahrheit Gottes, aber schon bald wurde die Wahrheitssuche auch Selbstzweck des intellektuellen Diskurses und mündete am Ende in die Aufklärung ein.

Dass wir heute den »essentialistischen Wahrheitsbegriff« aufgegeben haben, wie allenthalben in der wissenschaftlichen Literatur zu lesen ist, zeigt, in welch fundamentalen wissenschafts-kulturellen Umwälzungen wir uns befinden. Wahrheit ist relativiert, jedem Kulturkreis billigen wir einen eigenen Wahrheitskodex zu. »Unbestimmtheit« heißt unser neues Zauberwort, um uns für die Vielfalt in der globalen Welt bereit zu halten. Ob »die« Wahrheit wieder zurückkehren wird, wie manche Wissenschaftler meinen und hoffen, ist eine offene und spannende Frage. Wir werden sehen. Junge Frauen wurden in einer Spiegelumfrage vor einiger Zeit nach ihrem bevorzugten Männertyp gefragt. Die Antwort lautete: Er sollte in seinen Ansichten nicht unbestimmt und »weich in der Birne«, sondern eindeutig sein. Deutet sich da ein Wandel an?

Stefan Weinfurter

Empörung Zu welchen ungewollten Effekten kann die öffentliche Erregung über Normverstöße führen?

M issbilligung erzeugt und lenkt Aufmerksamkeit. Wer gegen Normen verstößt – Banken überfällt, Minderheiten beschimpft, Gewalt ausübt, Angriffskriege führt – hat, je stärker institutionalisiert die Norm und je offensichtlicher der Normverstoß, umso größere Chancen, in den Genuss öffentlicher Aufmerksamkeit zu kommen, weil Empörung aufkommt, ein Skandal ausbricht, ein »Shitstorm« losgeht. An sich ist Aufmerksamkeit ein elementares soziales »Glücksgut«, das viele weitere Vorteile – von sozialem Prestige bis zu ökonomischem Profit – einbringen kann. Verdankt sich die Aufmerksamkeit aber einem Normverstoß, scheinen die Missbilligungskosten in der Regel die Aufmerksamkeitsgewinne zu überwiegen: Wer ein spektakuläres Verbrechen begeht, wird vielleicht berühmt, landet aber auch im Gefängnis; Politiker oder Unternehmen, die skandalisiert werden, gewinnen vorübergehend an Aufmerksamkeit, bezahlen dies aber mit dem Verlust von gutem Ruf, Ämtern oder Umsätzen. Es gibt aber auch Konstellationen, in denen die Bilanz der Verrechnung von Aufmerksamkeitsgewinnen und Missbilligungskosten weniger eindeutig ausfällt, so dass Raum entsteht für Verhaltensweisen und taktische Manöver, die sich eben diese Ambivalenz zunutze zu machen versuchen. Zwei Fälle dieser Art scheinen mir von besonderem Interesse zu sein:

Gewalt als Aufmerksamkeitsattraktor: Physische Gewalt ist seit dem 19. Jahrhundert als Mittel politischer Konfliktführung wie auch als private Praxis zunehmend in Verruf geraten, rechtlich abgesichert u.a. von UN-Charta und Menschenkonventionen. Diese globale Norm der Gewaltlosigkeit hat die tatsächliche Ausübung von Gewalt aber offensichtlich nicht zum Verschwinden gebracht, vielleicht nicht einmal nennenswert reduziert. Man kann dies optimistisch so deuten, dass Zivilisierung eben Zeit brauche (allmähliche Anpassung der Wirklichkeit an die Norm), oder pessimistisch so, dass an der menschlichen Natur eben wenig zu ändern sei (dauerhafte Lücke zwischen Norm und Wirklichkeit). Diese beiden Auffassungen stehen sich in der Literatur gegenüber. Eine komplexere Erklärung müsste sich wohl auch mit dem Aufmerksamkeitserregungspotential von Normverstößen auseinandersetzen. Denn das institutionalisierte Gewaltverbot hat zur Folge, dass mit der Missbilligung der Gewalt nun verstärkt gerechnet und die durch Missbilligung erzeugte und gelenkte Aufmerksamkeit in das Kalkül der Gewaltausübung einbezogen werden kann. »Terrorismus« macht sich diese Logik zunutze. Andere Konstellationen dieser Art haben Teresa Koloma Beck und ich unter dem Titel »Gewaltwettbewerbe« zusammengefasst, ausgehend von der Beobachtung, dass die Norm der Gewaltlosigkeit und die darauf gründende Erregungsbereitschaft ungewollt auch zur Reproduktion von Gewalt beitragen, da die Beachtung durch größere – nationale, globale – Publika von lokalen Konfliktparteien häufig als eine notwendige Durchgangsstation für die Durchsetzung ihrer Ziele wahrgenommen wird. Das aber bedeutet: Die Gewalt zählt selbst – mindestens teilweise – zu den Kosten ihres Verbots. Das Gewaltverbot erzeugt (auch) Gewalt.

Empörung über Empörung/reflexive Erregung: Ein zweites interessantes Beispiel ist die in den letzten Jahren vor allem in den digitalen Medien zu beobachtende Tendenz, dass die Empörung über Normverstöße selbst zum Gegenstand von Empörung wird. Man könnte auch von reflexiver Erregung sprechen.

Diese Konstellation scheint aus einer wiederkehrenden Abfolge von Kommunikationsakten zu entstehen, die Harald Staun kürzlich wie folgt beschrieben hat: »Fehler, Empörung, Empörung über die Empörung, Entschuldigung, Empörung über die Notwendigkeit der Entschuldigung: Das Muster der digitalen Erhitzung ist fast immer das gleiche.« Die Paradoxie der Erregung liegt in diesem Fall darin, dass diejenigen, die Aufmerksamkeit auf den originären Normverstoß – ein unbedachtes tweet, einen sexistisch wirkenden Facebook-Eintrag, usw. – lenken wollen, Aufmerksamkeit auf sich selbst ziehen, weil die Empörung von anderen ebenfalls als Normverstoß – gegen Meinungsfreiheit, persönliche Handlungsfreiheit, usw. – gedeutet werden kann. Beide Empörungslager geben gleichermaßen vor, für ein imaginiertes Publikum zu sprechen – das selbst nicht widersprechen kann, weil es letztlich eine Imagination ist und bleibt – und stellen ihre Normbehauptungen dadurch gegenseitig auf Dauer.

An solche Beobachtungen lassen sich zahlreiche offene Fragen zu den Folgen der Erregungspotentiale von Normverstößen anschließen: Welche weiteren Konstellationen dieser Art gibt es? Unter welchen technologischen und soziokulturellen Voraussetzungen gedeihen sie? Wie weit lassen sie sich historisch zurückverfolgen? Auf welche Kommunikationsakte und -abfolgen stützen sich typische Muster der Erregung und Gegenerregung? Welche Vorstellungen des Publikums bzw. verschiedener Publika werden dabei aufgerufen und mit ihrer Aufmerksamkeit und Zustimmung für bestimmte Normen vereinnahmt? Wie können betroffene Akteure, insbesondere Konfliktparteien, Erregungsprozesse antizipieren und zu ihren Zwecken taktisch zu nutzen versuchen? Zu welchen ungewollten Nebenwirkungen – von Gewaltausübung bis zu Geheimhaltungsstrategien – können diese Reaktionen führen? Welche dieser Nebenwirkungen sind vermeidbar, welche unvermeidbar? Entsteht öffentliche Erregung aus unkontrollierbaren Kommunikationsdynamiken oder lässt sie sich gezielt

dosieren? Wäre vielleicht sogar eine Art »Entregungskultur«
denkbar, die der Entstehung, jedenfalls stereotypen Wiederholung ungewollter Erregungsfolgen vorbeugt? Seit langem
gibt es Technikfolgenabschätzungsforschung. Dieser Fragen-
katalog zeigt: Es ist Zeit für eine Erregungsfolgenabschät-
zungsforschung, in der medien-, kultur- und sozialwissenschaftliche Disziplinen gemeinsam daran arbeiten müssten,
die komplexen Folgen der Aufmerksamkeitserregungspotenti-
ale von Normverstößen genauer zu verstehen.

Tobias Werron

Erkenntnis Gibt es in der Philosophie (nicht nur) offene Fragen?

Eine offene Frage ist eine Frage, die noch nicht entschieden ist. Meine offene Frage ist, ob es in der Philosophie endgültige Entscheidungen von Fragen gibt. Auch wenn für mich selbst viele philosophische Fragen geklärt sind, so dürfte dies doch nicht für *die* Philosophie als solche zu gelten. In der Philosophie können wir nicht von einem Konsens der »wissenschaftlichen Gemeinschaft« ausgehen. Hier scheint jede Antwort neu in Frage gestellt werden zu können. Ein Anlass zu relativistischem Pessimismus erwächst daraus aber nicht: »Wir stehen *nicht* enttäuscht und sehn *keineswegs* betroffen / Den Vorhang zu und alle Fragen offen.«

Gottfried Gabriel

Exil Warum wurde Ovid verbannt?

Im Jahre 8 n. Chr. wurde Ovid (Publius Ovidius Naso, 43 v. Chr.–17 n. Chr.), der letzte noch lebende große Dichter Roms, plötzlich von Augustus durch persönliches Edikt nach Tomi (Tomis, heute Constanta) am Schwarzen Meer relegiert, für damalige Begriffe ans Ende der Welt. Offen ist die Frage nach dem Grund. Zwei Ursachen, so der Dichter, soll es gegeben haben. Die erste sei ein Gedicht, offenbar die »Liebeskunst«, die man als ein Lehrbuch des Ehebruchs diffamierte. (Doch klingt dies eher nach einem Vorwand, denn das Werk war schon acht Jahre ungehindert in Umlauf.) Den anderen Grund darf Ovid nicht nennen. Er deutet an, er habe unwissentlich etwas Verbotenes mit angesehen. Da der Zeitpunkt von Ovids Exil ungefähr mit der Verbannung der Enkelin des Augustus, Julia, zusammenfällt, vermutet man, Ovid habe entweder Kenntnis von deren Ehebruch mit D. Junius Silanus gehabt oder sich an Julias vergeblichem Eintreten für Agrippa Postumus, den letzten leiblichen Nachkommen des Kaisers, als dessen künftigen Nachfolger beteiligt. Andere vermuten gar – was ins Reich der Fabel zu verweisen ist – in Ovids Liebesdichtungen sei »Corinna« ein Deckname für Julia. Dass der tatsächliche Nachfolger des Augustus, sein Stiefsohn Tiberius, Ovid nicht heimkehren ließ, spricht für die politische Hypothese. Hinzu kommt, dass moralische Vorwürfe in der Öffentlichkeit meist erst erhoben werden, wenn ein politischer Grund dafür vorliegt. Spannend bleibt die Frage, ob nicht die ganze Tragödie der direkten Nachkommen des Augustus (ein beängstigendes Prinzensterben, verbunden mit Diffamierung der Prinzessinnen) ein Beweis für die Macht der Kaiserin Livia über den Herrscher ist und ob diese nicht Grund hatte, Ovids Ausfall gegen giftmörderische Stiefmütter (Met. 1,147) auf sich zu beziehen. So ist die Frage nach den Ursachen für Ovids Relegation nach wie vor ungelöst. Klar bleibt nur, dass der vielbewunderte Augustus in Sachen Literatur ein Wiederholungstäter war: In der Jugend hat er die Ermordung des größten Prosaschriftstellers – Cicero – nicht verhindert, als reifer Mann den Elegiker Gallus in den Selbstmord getrieben und unliebsame Redner und Historiker verfolgt, im Alter Ovid ins Exil geschickt und nicht zurückgerufen.

Michael von Albrecht

Existenz Ist der Tod ein Übel?

Die Frage ist nicht, ob mein Tod für andere Menschen, beispielsweise trauernde Angehörige und Freunde, leidvoll ist, sondern ob der Tod, der unvermeidlich die Existenz menschlicher Individuen beendet, für das jeweilige Individuum selbst ein Übel darstellt. Von der Antwort hängt ab, ob ich meinen Tod rationaler Weise fürchten sollte oder ob es gar ethisch geboten sein könnte, ihn zu vermeiden oder zumindest so lange als möglich hinauszuzögern.

Unsere Frage hat die Philosophie seit der Antike beschäftigt. Von der Antwort hängt nicht nur ab, wie ich mich in angemessener Weise zu meinem eigenen Tod verhalten sollte. Jede Antwort hat zugleich weitreichende metaphysische Folgen. In der abendländischen Philosophie finden wir zwei eindeutige Antworten auf unsere Frage: Die eine besagt, dass der Tod eines der größten Übel darstellt, den es zu vermeiden gilt. Die andere behauptet dagegen, der Tod könne für das jeweilige Individuum gar kein Übel darstellen, ihn zu fürchten sei deshalb nicht rational.

Wenn sich in der Tradition des Philosophierens zwei gegensätzliche Positionen durchhalten, dann haben wir es nicht nur mit einem existentiellen Grundproblem zu tun, was Menschen zu allen Zeiten immer wieder beschäftigt. Die Frage berührt wahrscheinlich auch Grundbegriffe und Annahmen, die philosophisch aufzuklären sind.

Da der Tod, so Epikur, das Ende meiner Existenz ist, kann er für mich kein Übel sein: Solange ich ein Übel erleiden kann, existiere ich. Existiere ich nicht mehr, kann ich auch kein Übel mehr erleiden. Den eigenen Tod zu fürchten ist, anders als das eigene Sterben, nicht vernünftig.

Die Gegenposition hat dagegen zum einen vorgeschlagen, zwischen Leid und Schaden zu unterscheiden. Während ersteres die Existenz eines Subjekts voraussetzt, kann man einer Person auch nach ihrem Tode, z.B. durch die Zerstörung eines Lebenswerks oder die Beschädigung des guten Rufes, schaden. Dies wirft weitreichende ethische Folgefragen auf, die unsere Vorstellung personaler Identität betreffen. Zum anderen wird nicht der Tod selbst, sondern sein vorzeitiges Eintreten als Übel identifiziert: Der Tod ist als Beraubung zukünftiger Möglichkeiten ein Übel. Philosophisch aufzuklären bleibt allerdings, weshalb wir zwar den vorzeitigen Tod als Übel auffassen, nicht aber die verspätete Geburt. Ist unsere Bevorzugung des Zukünftigen gegenüber dem Vergangenen philosophisch begründbar?

Wir haben so einen ersten Ausgangspunkt für eine ausführliche Antwort auf unsere Frage erreicht, bei dem man aber aus zwei Gründen nicht stehen bleiben kann. Die existentielle Beunruhigung des Menschen durch den Tod lässt sich wohl niemals endgültig abstellen, sodass der Impuls zur philosophischen Reflexion nie ganz verlöschen wird. Außerdem werden wir unausweichlich auf die für die menschliche Existenz ebenso fundamentale Frage verwiesen, ob Unsterblichkeit oder ein Leben nach dem Tode ein Gut ist. Sie zu erörtern wäre jedoch Thema eines anderen Beitrags.

Michael Quante

Exorzismus Sitzt der Teufel in der individuellen Seele oder im Kollektiv?

Wohl in allen Formen von Religiosität gibt es das zu überwindende »Böse« und Namen für dessen Vertreter und Verursacher (Satan, Šaiţān, Ahriman, Diabolos, Devil, Old Nick, Gottseibeiuns, Versucher). Er ist der »Fürst der Unterwelt«, ein gefallener Engel, er ist der Ankläger beim Weltgericht und beherrscht die Strafzone der Hölle, spiegelbildlich zum Paradies. Gott schaut dabei entweder reglos zu, lässt aber vielleicht das Böse testweise geschehen, wie bei Hiob und Faust, oder bekämpft es, ohne die menschliche Willensfreiheit aufzuheben. Dies mag dem Gebet oder der theologisch-philosophischen Reflexion überlassen bleiben.

Die empirische Ursachenforschung für Kriege, Elend, Hunger, Hass und Grausamkeiten aller Art, die Menschen sich zufügen, ist dagegen relativ ratlos. Sitzt der metaphorische Teufel in der individuellen Seele oder im Kollektiv? Wo soll der moderne Exorzist bei seiner Bekämpfung ansetzen? Bei der Bekämpfung der Ungleichheiten in der Welt oder bei der Erziehung und Aufklärung über Verhexungen des Verstandes? Sind die Gruppenzwänge des Teufels oder ist es umgekehrt gerade die Auflösung der kollektiven Bindungen im Individualismus? Muss mehr geglaubt werden, oder gerade weniger? Soll man die ganze Menschheit therapieren oder müssen wir uns um Schaffung und Festigung der rechtlichen Netzwerke bemühen – jener Rechtsnormen also, die (mit Kant) auch für ein Volk von Teufeln gelten, »wenn sie nur Verstand haben«?

Letzteres ist zwar das Fundament des juristischen Berufse-
thos, aber auch das ist vielleicht ein vom Teufel ausgestreuter
Samen des frommen Selbstbetrugs.

Michael Stolleis

Exzentriker Gab es in früheren Epochen einen Warhol-Effekt?

Das kulturwissenschaftliche Theorem Warhol-Effekt (W.) ist im Rahmen kulturwissenschaftlicher Fragehorizonte mehr oder weniger absent. Es zielt auf die Initialmomente plötzlicher, umfassender ästhetischer Transformationen. Der wissenschaftliche Begriff ist nicht mit der inzwischen weit verbreiteten alltagssprachlichen Verwendung zu verwechseln: Alltagssprachlich bezeichnet W. eine Funktion in Bildbearbeitungsprogrammen, die ein beliebiges Portrait in ein »Warhol«portrait verwandeln. »Warhol«, soviel zeigt dieser Alltagsgebrauch, ist innerhalb von höchstens 30 Jahren zur kleinen Münze des breiten ästhetischen Diskurses geworden.

Der kulturwissenschaftliche Begriff W. zielt weniger auf jene ästhetische Institutionalität, die der Alltagsbegriff erkennen lässt. Er zielt eher auf die Situation ihrer Entstehung, auf jene eine Abweichung (Varianz), die plötzlich und unerwartet massenhaften Zuspruch erfährt (Selektion) und dadurch zum Teil des Diskurses (Stabilisierung) wird. Eine ästhetische Varianz kann nur dann ein ästhetisches Initialmoment werden, wenn bereits ein breites Publikum für diese spezifische Artikulation disponiert ist.

Der W. funktioniert also für die ästhetischen Grundhaltungen so wie der Effekt Luthers im Feld der religiösen Grundhaltungen. Wenn irgendwo in den Tiefen der Provinz ein exzentrischer Mönch ein Pamphlet an die Kirchentüre getackert (oder auf andere Art publik gemacht) hat und durch derlei Aktivismus in weiten Teilen Europas revolutionäre religiöse Transformationen ausgelöst worden sind, dann waren offensichtlich große Teile der religiösen Kultur für genau diese Revolution bereits disponiert. Es bedurfte nur noch der passenden Artikulationsform für einen ebenso plötzlichen wie massenhaften Effekt.

Die wissenschaftliche Schwierigkeit liegt in der Historisierung des W.: Wie lassen sich Warhol-Effekte in der Spätantike, in der Karolingerzeit, in der Renaissance usw. markieren? Wie findet man die Exzentriker oder Exzentrikerinnen im Rom des sechsten Jahrhunderts, für deren ästhetische Varianten das Publikum bereits disponiert war und sofort darauf ansprang? Wie findet man sie in Aachen um 800 oder in Capua gegen 1250? Die Intellektuellen am Hof Karls des Großen in Aachen, um ein Beispiel zu nennen, waren sicher keine Schar frommer Murmler, die sich um des Gotteslobs willen im Erfinden von Figurengedichte überboten. Vielleicht kommt man dieser merkwürdigen ästhetischen Form, in die führende Intellektuelle jener Zeit viel Energie gesteckt haben, näher, wenn man mit Warhol-Effekten rechnet, mit einem ästhetischen »Kick« spezifischer Bild- oder Gestaltungsideen, die ihren Effekt – ihre Aneignungs- und Weiterverarbeitungsgeschichte – nur erzielten, weil es eine Disposition zu ihrer Wertschätzung – bereits gab.

So betrachtet schrumpft das herausragende erfindende Individuum auf das Normalmaß eines bereits disponierten Publikums, das die »Größe« des Neuen sofort in seine Disponiertheit einfügen kann –versteht, aneignet und wiederholt.

Bernhard Jussen

Fernwirkung Fließen Gefühle und Gedanken in der Quantenwelt?

Nicht einmal Albert Einstein mochte die Welt für so verrückt halten. Für ihn war es Spuk, nicht mehr und nicht weniger, was sich die Quantenmechanik da ausgedacht hatte. »Verschränkte« Teilchen. Absolut getrennt und dennoch permanent verbunden. Egal, wie weit die Teilchen voneinander entfernt sind, wenn wir das eine messen, kennen wir den Wert des anderen. Verändern wir den Drehimpuls des einen oder dessen Polarisation, ändert sich die Eigenschaft des anderen Teilchens entsprechend. Und zwar augenblicklich und, wenn es sein muss, über tausende Kilometer Entfernung. Es fließt kein Strom, kein Licht, keine Information, nichts, was diese »spukhafte Fernwirkung« mit der klassischen Physik erklären oder messen könnte. Fest steht nur: Sie ist inzwischen unabweisbar. Die Verschränkung der Quantenzustände von Teilchen ist in den letzten Jahrzehnten zu einem Thema mit geradezu soziokultureller Sprengkraft geworden; denn in dem Phänomen steckt womöglich der Schlüssel für prinzipiell abhörsichere superschnelle Quantencomputer, die von nichts und niemandem geknackt werden können. Was aber, wenn es das Phänomen – oder ein prinzipiell ähnliches – nicht nur in der Quantenwelt gibt, sondern es ein Teil der Evolution ist und ins Leben eingreift? Wenn so etwas wie Quantenverschränkung unsere Gedanken erfasst? Kennen Sie das auch: Sie denken an jemanden, und im selben Moment klingelt das Telefon oder es meldet sich das Handy mit einer Nachricht von ebendiesem Menschen? Absolut mysteriös. Aber es geschieht immer wieder, oft genug mit denselben Menschen. Sind Gefühle also verschränkt? Oder vielleicht die biochemischen Prozesse, die unseren Gefühlen zugrunde liegen? Ob quantenmechanische Phänomene damit überhaupt etwas zu tun haben, ist völlig unklar. Es ist nicht einmal sicher, ob die Quanteneffekte, die man experimentell nachgewiesen hat, in der Natur überhaupt funktional sind, wie der Biologe sagt. Wenn es um den Magnetsinn von Zugvögeln oder die Photosynthese bei Pflanzen geht, gibt es zumindest Indizien, dass diese labilen Quantenphänomene unterhalb der atomaren Ebene hineinwirken. Ob wir freilich dann, wenn die Entdeckung gelingt, auch noch anschaulich darüber werden sprechen können, ist eine ganz andere Frage. Dieses Problem freilich haben wir am anderen Ende der Anschaulichkeitsskala, bei zehndimensionalen Multiversen oder einer kosmischen Ordnung nach der Stringtheorie, mindestens genauso.

Joachim Müller-Jung

Festlegung Warum ich in diesem Körper?

Meine ersten Lebensjahre teilte ich das Zimmer mit meiner Zwillingsschwester Petra. Wir verstanden uns zwar nicht gut, aber dennoch lösten wir gemeinsam eine Reihe von Welträtseln. So brachten wir durch Experiment und gewissenhafte Wiederholungen heraus, dass, wenn einer die Augen schließt, es für den anderen nicht dunkel wird. Wir schlossen daraus, dass Tag und Nacht unabhängig von uns sind. An einem Problem aber scheiterten meine Schwester und ich gleichermaßen. Wir fragten: Warum stecke ausgerechnet ich in diesem Körper? Wir stellten die Frage unseren Eltern und erhielten keine befriedigende Antwort. Später dann, als ich Verleger für philosophische Bücher geworden war, traute ich mich manchmal, spät beim Wein, den einen oder anderen meiner Autoren mit der Frage zu behelligen. Natürlich nur solche Philosophen, die mit der Metaphysik des Geistes vertraut sind. Ich erntete stets mitleidiges Lächeln. Sofern ich überhaupt verstanden wurde, wurde mir die Frage als Scheinproblem zurückgewiesen; etwa, dass nichts Tieferes dahinter stecke als dies: Jeder Mensch hat einen Körper; und niemand kann einen anderen Körper haben als seinen eigenen. Aber zufrieden war ich nie mit den Antworten: Jeden Mitmenschen, der mir entgegentritt, kann ich ohne weiteres als Einheit von Person und Körper sehen; warum aber ist meine Innenperspektive so gänzlich anders?

Vittorio E. Klostermann

Forschungsförderung Was können wir planen?

W as offene Fragen genau sind und ob es eher zu viele oder zu wenige von ihnen gibt, dies wollen wir offen lassen. Ebenso die Frage danach, ob es einen Kanon, gar eine Hierarchie der offenen Fragen gibt. Vielleicht trügt indes die Intuition nicht, dass jene offenen Fragen, die dann entscheidend sind, zwar schwerlich durch Beantwortung aus der Welt zu schaffen sind, gleichwohl aber bearbeitet werden müssen. Unter diesen beschäftigt mich wegen kontingenter beruflicher Umstände zumal die folgende.

Auf ihrer Erkenntnisseite ist moderne Forschung durch Wissensansprüche gekennzeichnet, die einem Wahrheitskriterium und *zugleich* einem Neuheitskriterium genügen sollen. Neuheit aber ist ein Relationsbegriff. Was neu sein soll, muss die Horizonte und Erwartungshorizonte des bereits Gegebenen überschreiten. Forschung, wenn sie denn gelingt, verändert Erkenntnisstände durch Erwartungsdurchbrechungen; die Innovationsökonomie spricht etwa von Disruptionen. Demgegenüber kommt es auf der sozialen Seite moderner Forschung allerdings weniger auf den Bruch von Erwartungen an, als vielmehr im Gegenteil auf deren Stabilisierung. Wie beim Institutionellen überhaupt geht es hier um Planungssicherheit, Vorhersagbarkeit, Kontingenzreduktion. Die soziale Ordnung auch von Wissenschaft und Forschung verknüpft einen Wert- und einen Zeitaspekt: Geltung und Dauer, Legitimität und Erwartungsdurchbrechungs*vermeidung*. Das ist die paradoxe Aufgabe von Forschungsförderung: Wie kann sie planen, finanzieren und organisieren, was sich – seinem Telos nach – der Planung und Organisation, der Erwartungsstabilisierung und Disruptionsvermeidung, der Vorhersagbarkeit und Irritationsabdämpfung gerade entziehen muss? Die typische Antwort auf diese offene Frage wechselt die Ebenen: Nicht Forschung werde institutionalisiert, sondern der Raum ihrer Möglichkeiten.

So aber ist eine weitere Frage eröffnet: Wie ist ein solcher Raum zu rechtfertigen, wenn angesichts seines finanziellen und sonstigen Voraussetzungsreichtums der Verweis auf die bloße ›Möglichkeit‹ von Forschung gesellschaftliche Anerkennung und Alimentation nicht im erwünschten Umfang einträgt? Die typische Antwort hierauf lautet: Durch Leistungsversprechen, ja durch Verheißung (der Befreiung vom Krebs, der nachhaltigen Gesellschaft u.s.w.) – also durch Dramatisierung von Erwartungen an die Forschung. Kann man sicher sein, dieserart nicht das Versprechen von Erwartungsdurchbrechungen durch vorhergehende Erwartungsenttäuschungen zu rechtfertigen?

Peter Strohschneider

Fortschritt Nehmen Freiheit und Toleranz ständig zu?

Laut Hegel ist die Weltgeschichte »der Fortschritt im Bewusstsein der Freiheit«. Dieser Fortschritt ist stetig, wenngleich holprig, und setzt sich durch die »List der Vernunft« hinter dem Rücken der Akteure durch. Die große und ungelöste Frage ist, ob wir dies nahezu zweihundert Jahre nach Hegel noch so sehen können. Da diese Frage zu groß ist, sei sie eine Nummer kleiner gestellt: Haben wir in Bezug auf das Zusammenleben mit anderen Religionen und Kulturen in den westlichen Gesellschaften Fortschritte gemacht?

Darauf finden sich zwei extreme Antworten. Die erste ist eindeutig positiv. Wir sehen uns ihr zufolge als Teil einer Geschichte von Entwicklungen, die Staat und Kirchen getrennt und die individuellen Rechte institutionalisiert haben. Heute verhilft das Recht auch dann, wenn die Mehrheit der Bevölkerung es skeptisch sieht, Minderheiten zur Realisierung ihrer Lebensformen, etwa dort, wo es um gleichgeschlechtliche Ehen oder minoritäre religiöse Praktiken geht. Wir leben demnach in einer toleranten, multikulturellen Gesellschaft.

Dort setzt die andere, negative Antwort ein. Sie verweist darauf, wie stark religiöse Werte noch immer das Verständnis des sittlich Wertvollen und rechtlich Möglichen bestimmen. Und sie blättert im Geschichtsbuch zurück und sieht, dass auch dort, wo Minderheiten »geduldet« wurden, ihnen genau vorgeschrieben wurde, wo und wie sie zu leben hatten. Blickt man auf die Regularien, die im 16. Jahrhundert bestimmten, wo die Hugenotten in Frankreich Kirchen errichten und ob

diese Türme und Glocken haben durften, sieht man sich ob
so mancher Diskussion um Moscheen und Minarette einer
Zeitreise gleich zurückversetzt in die Dunkelheit der Intole-
ranz bzw. halben Toleranz. Mit dem Zusatz, dass heute auch
im Namen der Freiheit und der Toleranz Berufsverbote für
Frauen mit islamischen Kopftüchern gerechtfertigt werden.
Spiegelbildlich dazu steht die die Geisteshaltung derer, die das
Patriarchat verteidigen und glauben, auf die Schmähungen
eines Religionsgründers mit Gewalt und Mord reagieren zu
müssen. Derselbe Hass hat schon die Aufklärer Bayle oder
Voltaire verfolgt. Der Hegelsche Fortschritt ist ausgeblieben.

Welche Antwort ist die richtige – und wenn keine oder beide
(zum Teil), gibt es eine dritte?

Rainer Forst

Gebildet Wie ist Bildung möglich?

Was Bildung in der Welt und im Lebenslauf bedeutet, das sagen die Historiker und Soziologen und die großen Romane. Was sie sein soll, das beschwören in immer neuen Bildern des Wahren, Guten und Schönen, der besseren Welten und tugendhafter Menschen die Philosophen. Offen ist nur die wesentliche Frage: »Wie ist Bildung möglich?«, zumal die Form von Bildung und der Gebildeten, von der die Philosophen reden. Nach Sokrates gibt es wenig positive Beispiele, schon gar nicht im Alltag und in der Geschichte. Dort findet man das Versagen gebildeter Eliten, deutsche semantische Sonderwege, die Untiefen der Innerlichkeit, feine Unterschiede und immer neue Katastrophen. Geht es besser? Gelegentlich ist man dann versucht, die Pädagogen zu fragen. Aber die fordern Reformen, wenn man sie auf ihre Leistungen anspricht, und erklären Bildung ansonsten zur Leistung des Subjekts. Mit dem Plädoyer für Selbstbildung verlagern sie aber nur die Verantwortung und die Probleme dorthin, wo die offene Frage ihren Ursprung hat, in einen Alltag, der primär die Differenz zu dem markiert, was die Philosophen wollen. Sollte die Frage so schwierig sein, dass wir sogar den Angeboten der Neurowissenschaften nähertreten müssen? Dann haben wir der Bildung zumindest den Geist ausgetrieben.

Heinz-Elmar Tenorth

Gedankenstrich Wo stößt die von Neugier getriebene Forschung an ihre Grenzen?

Ein Fragen, das ins Offene führt, zwingt zu grundsätzlichen Überlegungen. Denn wo stößt die von Neugier getriebene Forschung an ihre Grenzen? In einer Fußnote, also unterhalb des der philosophischen Untersuchung gewidmeten Textes hat Immanuel Kant das Problem gestreift: »Die Beobachtungen und Berechnungen der Sternkundiger haben uns viel Bewundernswürdiges gelehrt, aber das Wichtigste ist wohl, dass sie uns den Abgrund der Unwissenheit aufgedeckt haben, den die menschliche Vernunft, ohne diese Kenntnisse, sich niemals so groß hätte vorstellen können […].« (*Kritik der reinen Vernunft* B 603 | A 575) Nun könnte man einwenden, dass unlösbar erscheinende Fragen nur schlecht formuliert sind und die vorläufigen Grenzen der Wissenschaft keine Barriere darstellen, sondern eher – wie Gaston Bachelard vermutete – eine Zone besonders aktiver Gedankentätigkeit. Daher hat Kant mit Nachdruck betont, dass es sich nicht um Grenzen handelt, die zur Übertretung herausfordern, sondern um *Schranken*, die unserer Erkenntnis gesetzt sind und unser Nachdenken in ausschließender Weise bedingen. Die Einsicht, dass etwas unerreichbar bleibt, hat gleichwohl eine Orientierungsfunktion, ja einen Wahrheitsbezug, da sich diese als Wissen um das Nichtwissen kommunizieren lässt. Dabei können wir uns weder aus der Verantwortung für unser Handeln stehlen noch die fehlende Anstrengung bei Detailanalysen entschuldigen. Die Suche nach letzten Gewissheiten muss mit *Unterbrechungen* rechnen, womit auch Stilfragen berührt werden. Zu loben sind der Gedankenstrich, die abbrechende Rede und das provisorische Urteil als Mittel des Ausdrucks und als Antrieb des Denkens – denn wir erkennen nur stückweise.

Friedrich Vollhardt

Gemeinsinn Benötigen moderne Gesellschaften Altruisten?

Knapp 200 Jahre sind vergangen, seit sich der französische Philosoph A. Comte in seinen Vorlesungen zur positiven Philosophie mit den sozialen Folgen der politischen Ökonomie seiner Zeit auseinandersetzte und deren zentrales Handlungsprinzip, den Egoismus, im Sinne eines unbegrenzten marktförmigen Verhaltens als Sprengsatz des Zusammenlebens kritisierte. Seine Lösung lautete: Entwickelt ein moralisches Bewusstsein und bindet das menschliche Handeln in das Gemeinwesen ein! Gesellschaftlicher Fortschritt kann nur dann dauerhaft stattfinden, wenn ›Altruismus‹ zumindest gleichgewichtig neben dem Egoismus besteht.

Die Gegenwart kapitalistisch-demokratischer Gesellschaften erinnert stark an diese Problemkonstellation. Unter der Maßgabe einer weitreichenden Liberalisierung und Privatisierung des gesellschaftlichen Zusammenlebens kam es nicht nur zu grundlegenden Krisen des politischen und des ökonomischen Systems, sondern mit Blick auf die individuelle Lebensführung auch zur zunehmenden Unfähigkeit, die neu entstandenen Freiheitsräume für ein gelingendes Leben nutzen zu können. Bedarf es angesichts der desintegrativen Folgen von dauerhafter Selbstoptimierung, individueller und kollektiver Nutzenmaximierung und beschleunigter gesellschaftlicher Rationalisierung somit eines neuen Altruismus?

Glaubt man etwa der neueren evolutionären Anthropologie, dann gründet die menschliche Natur auf Kooperation und Altruismus: Gemeinsame Überzeugungen, wechselseitige

Abhängigkeit und Zusammenarbeit sowie Hilfsbereitschaft markieren die Besonderheit des Menschen sehr viel mehr als Eigensinn und individuelle Nutzenerhöhung. Aber es scheint, als würden diese bei Kleinkindern dispositionellen Verhaltensweisen in der Moderne nach und nach verlernt und von gesellschaftlichen Wirkfaktoren überlagert.

Comte postulierte für das frühe 19. Jahrhundert, dass die Fortentwicklung der Gesellschaft davon abhängt, wie und in welcher Weise Altruismus dauerhaft etabliert werden kann. Wie es scheint, ist dies in den heutigen Gesellschaften des 21. Jahrhunderts nur unzureichend gelungen.

Benötigen wir nicht dringend soziale Institutionen, in denen Kooperation und altruistisches Handeln erlernt, gefördert und verstetigt werden kann?

Steffen Sigmund

Genie Wie identifiziert man Hochbegabte?

Das Thema »Hochbegabung« war auf dem langen Weg wissenschaftlicher Anerkennung von zahlreichen Mythen begleitet: vom Geniekult (»Genie und Wahnsinn«) in der Aufklärung und Romantik über umstrittene Kreativitätskonzepte im letzten Jahrhundert (»creatio ex nihilo«) bis hin zu jüngsten Thesen extremer Expertiseforscher (die für jede Expertisierung eine Begabungsabhängigkeit leugnen) oder obskuren hirnphysiologischen Vorstellungen (z.B. »jedes Kind ist hochbegabt«).

In der Tradition Termans, der 1921 in Kalifornien die berühmte Längsschnittstudie *Genetic Studies of Genius* (später als »Terman Study of the Gifted« bezeichnet) startete, wurde jahrzehntelang Hochbegabung mehr oder weniger ausschließlich einem hohen Intelligenz-Quotienten (IQ = 130 bzw. 140) zugeschrieben. Kurz vor seinem Tod musste Terman jedoch aufgrund der letzten Follow-up-Erhebungen ernüchternd die Unzulänglichkeit einer IQ-basierten Hochbegabtendefinition konstatieren. So waren z.B. in seinem IQ-abhängigen Auswahlverfahren mehrere spätere Nobelpreisträger »übersehen« worden. In der aktuellen Hochbegabungsforschung dominieren deshalb mehrdimensionale bzw. typologische Fähigkeitskonzepte. Dahinter steht die – theoretisch und empirisch fundierte – Auffassung, dass es unterschiedliche Hochbegabungsformen gibt, d.h. differentielle Fähigkeitspotentiale für Leistungsexzellenz in der Sprache, Mathematik, Naturwissenschaft und Technik sowie Musik, Kunst, Sport, Sozialkompetenz usw.

Bei der Hochbegabungsdiagnose (Identifikation einzelner Hochbegabungsformen) sind somit mehrdimensionale Untersuchungsansätze indiziert, weshalb der Harvard-Psychologe Howard Gardner 1983 den »Abschied vom IQ« anmahnte. So praktisch IQ-Grenzwerte als Definitionsgrundlage für Hochbegabung vielleicht anmuten, aus theoretischer Sicht sind sie allenfalls für intellektuelle oder mathematische u.ä. Hochbegabungsformen tauglich, nicht jedoch oder nur partiell für sprachliche, musikalische oder psychomotorische (z.B. sportliche) und andere Talente. Deshalb zielen neuere Diagnoseinstrumente wie die Münchner Hochbegabungstestbatterie (MHBT) auf Profilanalysen zur differentiellen Erfassung individueller Stärken bei hochleistenden Hochbegabten (*gifted achiever*). Aber auch individuelle Schwächen (z.B. im motivationalen oder Anstrengungs- und Lernbereich) bei hochbegabten Minderleistern (*gifted underachiever*) können mit der MHBT diagnostiziert werden, was erst eine gezielte Begabungs- und Leistungsförderung ermöglicht.

Während im Paradigma der traditionellen Hochbegabungsforschung von den individuellen Fähigkeitspotentialen auf (erwartete) Leistungsexzellenz in der Schul-, Studien- und Berufskarriere geschlossen (prognostiziert) wird, verfolgt die moderne Expertiseforschung einen retrospektiven Ansatz. Im sog. Experten-Novizen-Paradigma werden z.B. Schach- oder Physikexperten mit Laienspielern bzw. Studienanfängern systematisch verglichen, um ex post genauer die Bedingungen des Wissens- bzw. Expertiseerwerbs zu erfassen.

Kurt A. Heller

Geometrie Was ist ein Punkt?

Ein Punkt hat keine Teile und eine Linie bzw. Gerade ist durch Punkte gegeben, so jedenfalls der antike Mathematiker Euklid. Und auch heute heißt es, ein Punkt sei ausdehnungslos. Widerspricht das nicht jeder auf sinnlicher Anschauung basierenden Erfahrung? Etwas, das ausdehnungslos ist, kann nicht teilbar sein, oder doch? Ich frage mich, wieso dann ein physikalisch-empirischer Raumpunkt dann doch teilbar ist und ob er endlich oder unendlich teilbar ist? Der Widerspruch ist oft angesprochen worden, schon im 5. Jahrhundert v. Chr. hat Parmenides' Schüler Zenon verschiedene Paradoxa aufgestellt, das berühmteste ist das von Achill und der Schildkröte. Zenon argumentiert, dass das Schnellste (Achill) das Langsamste (die Schildkröte) nie einholen würde. Denn immer müsse der Verfolger (Achill) erst dort ankommen, wo die Schildkröte vorher schon weggegangen sei. Es müßten also eine unendliche Anzahl von Teilstrecken durchlaufen werden – Achill holt also die Schildkröte niemals ein, weil der Vorsprung zwar zunehmend kleiner wird, aber dennoch niemals aufhören kann. Zenon zeigt also, dass diese unendliche Teilbarkeit zu einem paradoxen Ergebnis führt.

Wenn der Punkt als mathematisch-ideales Gebilde – also unteilbar und ausdehnungslos – angesehen wird, wie verbindet sich das mit der physikalisch-empirischen Erfahrung, dass Achill und die Schildkröte real eine Raum- und Zeitstrecke von Punkten durchlaufen und somit Achill die Schildkröte ganz sicher mit einem Schritt überholen wird?

Charlotte Schubert

Geschichte Gab es einen deutschen Sonderweg?

Die These vom historischen »deutschen Sonderweg« oder einer spezifisch deutschen »Abweichung vom Westen« gilt in weiten Kreisen als widerlegt. In der Geschichte gebe es nun einmal keine Normalwege, so lautet der scheinbar schlagende Einwand, vielmehr sei alle Geschichte eine Geschichte von Sonderwegen. Dennoch taucht der Begriff des deutschen Sonderweges in aktuellen Debatten immer wieder auf, was den Eindruck hervorruft, so weit sei es mit der Widerlegung dann doch nicht her.

Tatsächlich bedarf der richtige Satz, dass alle Geschichte eine Geschichte von Sonderwegen ist, einer Ergänzung. Offenbar waren und sind einige Sonderwege noch besonderer als die anderen. Die historische Besonderheit Deutschlands lag nicht darin, dass seine Geschichte in jeder Hinsicht so anders verlaufen wäre als die der großen Staaten Westeuropas und Nordamerikas. Vielmehr waren es die breiten kulturellen, gesellschaftlichen und wirtschaftlichen Gemeinsamkeiten zwischen Deutschland und den westlichen Demokratien, vor deren Hintergrund die politischen Abweichungen des Deutschen Reiches kritischen Beobachtern, darunter deutschen Emigranten der 1930er Jahre, besonders in Auge fielen.

Dass ein Land, das kulturell zum Westen gehörte und diesen entscheidend mitgeprägt hat, bis weit ins 20. Jahrhundert hinein sich gegen die politischen Konsequenzen der Aufklärung, die Ideen der Amerikanischen Revolution von 1776 und der Französischen Revolution von 1789, wehrte und schließlich

im Nationalsozialismus die radikalste Negation der politischen
Kultur des Westens hervorgebracht hat: *Das* ist das Problem,
dem sich die Gegner der Sonderwegsthese bisher nicht oder
jedenfalls nicht ernsthaft genug gestellt haben. Eben darum
gehört die Frage, ob es einen deutschen Sonderweg gegeben
hat (und, wenn ja, worin er bestand) weiterhin zu den offenen
Fragen der Geschichte.

Heinrich August Winkler

Goldprobe Hat sich die Form, die wir »Wirklichkeit« nennen, verwandelt?

Die Frage klingt abstrakt. Man ist zugleich aber auch in sehr großem Ausmaß auf materialreiche textgeschichtliche Vergleiche angewiesen, um sie gut bearbeiten zu können. Daher kommt hier sogar die Philosophie (mein Fach) an Grenzen. Immerhin gibt es Verdachtsmomente. Es könnte sein, dass die um 1900 sich herausformende Moderne auf einer unvermerkten, aber drastischen Vereinfachung des (ihren Wahrheitsvorstellungen zugrundeliegenden) populären und wissenschaftlichen Wirklichkeitsverständnisses aufsetzt. Wir heute kennen nur das Ergebnis: Wir verwenden den Ausdruck »wirklich« als ein zweiwertiges Prädikat. Etwas ist entweder wirklich oder aber nicht. Graustufen dazwischen – etwa einen stufenlosen Wirklichkeitswert: mehr oder weniger wirklich – kennen wir ebenso wenig wie harte Wirklichkeitskonkurrenzen, also »gleich Wirkliches«, das so solide nebeneinander steht wie etwa (ich nenne Modi des Wirklichen, die man in der griechischen Antike wohl im Plural unterschieden hätte) die nüchterne Wachheit des Tages, der Rausch der Berauschten, die Vision des Sehers, der Traum der Nacht – und vermutlich mehr.

»Die Welt des Glücklichen ist eine andere als die des Unglücklichen« hat Ludwig Wittgenstein vermerkt. Ob er uns auf eine Verlustrechnung hinweist, zu welcher eine geeignete Rechenmethodik aber erst noch gefunden werden muss?

Petra Gehring

Grenzen Was sind gute, was sind schlechte Schranken?

G renzen haben ganz verschiedene Wirkungen und schon das macht ihre Bewertung schwierig. Grenzen schirmen ab. Sie schützen. Sie isolieren. Sie trennen. Sie hemmen Entwicklungen. Sie ermöglichen Entwicklungen. Die Blut-Hirn-Schranke schirmt das zentrale Nervensystem davor ab, dass bestimmte Substanzen aus den Blutgefäßen in es eindringen und es destabilisieren. Die rechtliche Umgrenzung von Privatheit schirmt Personen vor Übergriffen von Behörden, Firmen und ›den Leuten‹ ab. Die Brandmauer schützt das Haus vor dem Übergreifen der Flammen. Die Mauern von privatisierten Wohnbezirken (»gated communities«) isolieren Bevölkerungsschichten voneinander. Zollgrenzen hemmen den Handel. Märkte mit hohen Schranken für den Zutritt ermöglichen innovative Nischen.

Die Blut-Hirn-Schranke ist eine natürliche Grenze. Mauern sind künstliche, menschengemachte Grenzen. Viele künstliche Grenzen sind sinnhafte, soziale Grenzziehungen. 1986 entfernte in der *Düsseldorfer Akademie der Künste* ein Hausmeister einen Block Butter im Winkel an der Atelierdecke als schmierigen Dreck – die so genannte *Fettecke* des Künstlers Joseph Beuys. Der Hausmeister überschritt durch ein Missverständnis eine sinnhafte Grenze, hier die Grenze zwischen einem Kunstwerk und einem zu reinigenden Raum. Grenzen jedweder Art haben gemeinsam, dass sie Übergänge unterbrechen, seien das sinnhafte, responsive Anschlüsse oder Ursache/Wirkungs-Ketten. Grenzwerte wie z.B. eine bestimmte Konzentration von Ozon in der Stratosphäre sind Indikatoren für neuartige Ursache-Wirkungsketten, wenn sie überschritten werden. Was sind gute, was sind schlechte Grenzen? Die Antwort darauf scheint davon abzuhängen, ob die Effekte und responsiven Reaktionen gut sind, die sie unterbinden oder erschweren. Sie fällt komplizierter aus, wenn das Gute das Schlechte zur Kehrseite hat. Wächst ein Unternehmen über eine bestimmte Größe hinaus, dann mag das unter anderem über Skaleneffekte eine positive Wirkung auf den Gewinn haben. Die Größe kann aber auch zu einer erschwerten Steuerbarkeit führen (»too big to manage«). Und die umgrenzte Privatsphäre schützt ebenso vor Übergriffen wie vor nötigen Eingriffen zum Beispiel in häusliche Gewalt.

Oft heißt es, Fortschritt bedeute, Grenzen zu überwinden. Das Maß für gute Grenzen ist dann, dass sie sich überflüssig machen. Das unterstellt fälschlich, dass Grenzen letztlich Hindernisse für eine Vervollkommnung sind und dass soziale Grenzen schlechte Exklusionen bewirken. Die globale Ausdehnung von Handels- und Produktionsketten bringt zum Beispiel unkontrollierbare Marktmacht und störungsempfindliche Wechselwirkungen mit sich. Die unablässige, monokulturelle Ausdehnung der EU höhlt diese mittlerweile von innen aus. Sollte also die Kunst der Trennung und damit der Grenzziehung vorherrschen, so wie die Wissenschaft von der Politik, der Staat von den Religionen getrennt wird? Das Maß für gute Grenzen ist demnach die Ermöglichung von Eigensinn. Ein uneingeschränktes Ja dazu lässt übersehen, dass Grenzziehungen oft sachlich oder sozial Zusammenhängendes durchtrennen und ignorante Eindimensionalität und kalte Abschottungen befördern.

Kleider passen schlecht, die nach der Vorgabe »Ein Maß für alle!«, geschneidert werden. Das gilt auch für Antworten auf die Frage, was die maßgeblichen Eigenschaften guter und schlechter Grenzen sind.

Lutz Wingert

Handlungstheorie Warum tut
überhaupt irgendwer irgendwas?

Die Frage stammt aus Michael Frayns Komödie »Noises off!«, in der eine schlechte Schauspieltruppe ein schlechtes Boulevardstück Akt für Akt immer schlechter und verworrener und komischer, da sich Bühnenhandlung und Hinter-der-Bühne-Querelen aufs Feinste miteinander verwickeln, auf und über die Bühne bringt. Zu Beginn des Stückes fragt eine Schauspielerin, warum sie etwas tun solle – einen Teller Sardinen ins Nebenzimmer bringen, tatsächlich wohl bloß ein Vorwand, um die Bühne für den nächsten Auftritt freizumachen –, denn sie könne das nicht spielen, wenn sie nicht wissen, *warum* sie bzw. die darzustellende Person es mache. Der Regisseur, entnervt: »Warum tut überhaupt irgendwer irgendwas?«

Und das ist dann wohl, jedenfalls in alltagspraktischer Hinsicht, aber wahrscheinlich für alles, was im weiteren Sinne »Gesellschaftswissenschaften« heißt oder daran angrenzt, die Frage-aller-Fragen; offen-aber-oho gewissermaßen. Sie zeigt brachial, was alle offenen Fragen so an sich haben: dass die beantworteten Fragen (und alle die, die man sich zuversichtlich zu beantworten anheischig macht) immer unter Humbugverdacht stehen. Dass sie der Selbstberuhigung dienen. Dass sie dazu da sind, dem ungemütlichen Chaos, in dem man herumtappt, Ordnungssimulationen entgegenzuhalten – und das auch noch auf dem Niveau von TV-Kindersendungen à la »Wer-wie-was« und »Papa, erklär mal!«

Da nun aber die als Humbugunternehmen unter Verdacht gestellten Gesellschaftswissenschaften (und was immer sich

ihnen beigesellt) keineswegs die angestrebte Seelenruhe
herstellen, ist die sich dann irgendwann notwendigerweise
einstellende Gegenbewegung eine im Sinne des Daodejing
anlässlich des menschlichen Strebens generell (»Lass es sein«)
oder Wittgensteins anlässlich der Paradoxe, die wackere Philosophen in die Verzweiflung treiben (»Das macht doch nichts«).
Soll heißen: es ist eine therapeutische Frage im Sinne des Ko-
helet (um eine dritte Instanz zu bemühen).

Warum den unerfreulichen und gefährlichen Unsinn um uns
herum erst zum Rätsel promovieren und dann uns mit ihm
abplagen, indem wir krauses und intellektuell nicht Probehal-
tiges ersinnen wie »Motive« oder gar »Interessen« (und natürlich dann flugs »eigentliche Motive« und »wahre Interessen«)?
»Warum tut überhaupt irgendwer irgendwas?«

Jan Philipp Reemtsma

Historie Geht die Geschichte gut aus?

Z ur Beantwortung dieser Frage blättern ungeduldige Leser üblicherweise die letzten Seiten eines Buches auf. Historikern, im Kollektiv ohnehin zur Gleichmut neigend, steht diese Option nicht offen. Der Forschungsstand ist schlecht, die Quellenlage gleichermaßen unüberschaubar wie apokryph. Immerhin weisen beinahe alle Zeugnisse in eine eher unerfreuliche Richtung, gleich ob aus der Feder von Apokalyptikern wie Johannes (»Hagel und Feuer, die mit Blut vermischt waren«) oder von Modernisten wie T.S. Eliot (»not with a bang but a whimper«).

Der Frage des wie geht jene nach dem ob voran. Endet die Geschichte überhaupt? Trivial verstanden, mithin als bloße Ereignisfolge, hat die Geschichte selbstverständlich kein Ende oder allenfalls eines, das von Physikern vorherzusagen, indes von keinem Chronisten mehr aufzuzeichnen wäre. Wird aber ein emphatischer Geschichtsbegriff zugrunde gelegt, sieht es schon anders aus. Verstanden als evolutionärer und zielgerichteter Prozess hätte Geschichte eine Richtung und vielleicht gar einen Endpunkt. Für Hegel war dieser im Grunde erreicht, als mit dem Sieg der napoleonischen Heere 1806 auch die Ideen der Französischen Revolution triumphierten; die Adepten des großen Idealisten verschoben den Punkt je nach Bedarf und Leidenschaft. Verzichtete Marx auf eine Datierung, terminierte Alexandre Kojève immer mal wieder um, erst von Napoleon zu Stalin, dann zur Ausbreitung der Konsumgesellschaft amerikanischen Zuschnitts, schließlich in die annähernd totale Ästhetisierung, die er in einer gleichsam zeitlosen japanischen Kultur ausmachte. Francis Fukuyama schließlich gelang mit seiner beobachteten Universalisierung der westlichen Ideen, für die das Jahr 1989 den Schlussstein markierte, eine ähnlich präzise Bestimmung wie seinem Vorbild Hegel. Viel gescholten für ihren vermeintlichen Triumphalismus, war Fukuyamas Diagnose eigentlich bloß nostalgisch und trauerte den leidenschaftlichen, dialektischen Umschlägen der Historie nach. Auf das Ende der Geschichte, befürchtete er, folge eine traurige Zeit. Mit mehr Ironie, aber der Sache nach ganz ähnlich, hatte zuvor Kojève vorausgesagt, »die post-historischen Tiere der Spezies homo sapiens« würden noch zufrieden, doch mangels Welt- und Selbsterkenntnis nicht glücklich sein.

Unter der (vielleicht zu arglosen) Voraussetzung, dass Geschichtswissenschaft und Erkenntnis nicht gänzlich voneinander zu trennen sind, hilft also auch die Theorie nicht weiter. Damit bliebe letztlich nur die ahistorische, da Kontingenz verleugnende Ableitung dessen, was wird, aus dem, was war, landläufig auch als aus-der-Geschichte-lernen bezeichnet. Doch rückblickend galt noch immer: optimistische Historiker haben ihre Quellen schlicht nicht im Griff. In der Vorausschau verheißt das nichts Gutes. Zu denken sollte schließlich geben, dass englische Buchmacher Wetten auf das Ende der Geschichte nur deshalb nicht annehmen, weil niemand den Gewinn einstreichen könne. Noch skeptischer stimmt, dass Lloyd's of London entsprechende Anfragen nicht kommentieren will. Und ohne Prämie keine Garantie.

Kim Christian Priemel

Ich-Erzähler Wer spricht bei Dante?

Dantes *Commedia* ist eine Ich-Erzählung, deren Held durch die unterirdische Hölle zum Mittelpunkt der Erde wandert, um dann auf der anderen Seite der Weltkugel über den Purgatoriumsberg bis zur äußersten Himmelssphäre zu gelangen, wo er der punktförmigen, von Lichtkreisen umgebenen Gestalt Gottes, des unbewegten Bewegers, ansichtig wird. Auf seinem Weg begegnet der Erzähler Dante den Seelen von realen Personen, verstorbenen und noch lebenden, die ihren Platz in den Jenseitsreichen schon gefunden haben, gemäß ihren Sünden und Verdiensten. Die Erzählung legt größten Wert darauf, dass sie kein Traum und keine Vision ist und dass der Erzähler seinen Weg leibhaftig geht; nach dem Apostel Paulus soll er der erste Sterbliche sein, der die Hölle betrat und wieder verließ, wie zuvor Jesus Christus, Gottes Sohn. Meine Frage lautet: Was ist das für ein Ich? Dass es sich bei Dantes Text um »Fiktion« im modernen Verständnis handelt, ist ebenso ausgeschlossen wie andere Varianten uneigentlicher Rede. Welche Rolle hat der Ich-Erzähler also? Wortführer Gottes, Nuntius des Herren? Es gibt Tausende von Einzelerläuterungen zur *Commedia*, aber diese Frage, die im Verlauf jeder naiven und jeder nachdenklichen Dante-Lektüre auftaucht, ist weit davon entfernt, beantwortet zu sein, ja sie wurde kaum je klar formuliert. Klar ist nur: Jede Hypothese muss an einen historischen Knotenpunkt im Verhältnis von Religion und Literatur führen.

Gustav Seibt

Ikonen Was ist das kollektive Bildgedächtnis?

Es gibt ein Gespenst in den Räumen der Kultur- und Bild-wissenschaft – das kollektive Bildgedächtnis. Jeder kennt es, aber keiner hat es bisher wirklich zu fassen bekommen. Man kann nicht bestreiten, dass es einige Bilder gibt, an die sich viele Menschen im Zusammenhang mit bestimmten historischen Ereignissen erinnern. Das sogenannte »Na-palm-Mädchen« des Fotografen Nic Ut von 1972 zum Beispiel, wenn es um den Vietnamkrieg geht. Bilder wie dieses, heißt es dann kurzerhand, befänden sich im kollektiven Bildge-dächtnis. Doch wo ist dieses Gedächtnis? Auf welchem Weg sind die Bilder dorthin gekommen und wer bildet eigentlich das Kollektiv, von dem hier die Rede ist? Eine Generation von nordamerikanischen und europäischen Vietnamkriegsgeg-nern vielleicht, die das Bild von Nic Ut schon am Tag seiner Aufnahme und danach in den Medien gesehen haben? Eine wesentlich jüngere Generation von deutschen Studierenden, denen das Foto seit einer einflußreichen Studie von Gerhard Paul aus dem Jahr 2005 zur Analyse vorgelegt wurde? Sind bei-de Gruppen ein Kollektiv oder liegen ihre Deutungshorizonte – Antikriegsikone auf der einen Seite, Lehrbuchexempel der Medienmanipulation auf der anderen – soweit auseinander, dass es gar nicht mehr das selbe Bild ist, das sie verbindet? Wo hört überhaupt das individuelle Bildgedächnis auf und fängt das kollektive an? Man weiß es nicht so genau, doch eine An-wort auf diese Fragen hätte man schon gerne.

Charlotte Klonk

Individualität Ist der Mensch ein Massenwesen?

Jeder weiß es, und jeder beklagt es: Ostern ist gekommen, und man steckt im Stau auf dem Weg in den südlichen Frühling; Weihnachten steht vor der Tür, und man kommt in der Stadt nicht voran, weil die Besucher des Weihnachtsmarktes die Straßen verstopfen; es findet die »Lange Nacht der Museen« statt, aber man hat nichts davon, denn man schiebt sich von Kunstsammlung zu Kunstsammlung, und dort schiebt man sich wieder; gerade ist die monatliche »Einkaufsnacht«, und die Menschen bekommen kaum Luft, so voll sind die Straßen! Man fährt von da nach dort im Zug, aber man bekommt keinen Sitzplatz, denn am Zielort ist Public Viewing.

Alle, und selbst wortgewandte Leute, die es besser ausdrücken könnten, sind sprachlos, sie stöhnen nur: »Wahnsinn! Die Welt ist verrückt! Wer hält das aus?« – und alle machen mit, denn warum sonst wäre es so voll? Selbst Berliner Intellektuelle stimmen in die wortkarge Klage ein, beweisen aber dennoch ihren Freunden aus der Provinz, dass Berlin nur deshalb die attraktivste Stadt Deutschlands ist, weil es überfüllte Diskotheken und stickige Kneipen hat.

Die Menschen aller Schichten und Genres lieben das Gedränge, das Stoßen mit Ellbogen, das Mithören fremder Stimmen, den Körpergeruch des Nachbarn, die Berührung mit Unbekannten, das quälend lange Stehen, weil alle anderen schon sitzen. Zola hat sie durchschaut und hat erkannt, dass die Technik am liebsten dazu genutzt wird, sich zusammenzurotten. Der Zug, so beschreibt er dieses neue Fahrzeug in seinem Roman

»Lourdes«, ist das geeignete Mittel, Massen zu transportieren und eine Wallfahrt zu organisieren. Die Künstler an der Wende zum 20. Jahrhundert, Seurat, Dufy, Boudin entdeckten, dass es am Strand ziemlich voll ist, auch Zille karikierte das »Berliner Strandleben«, die Fotografen von heute knipsen es auf der ganzen Welt und stellen ihre Bilder in die Zeitung, damit der Betrachter, der gerade nicht dabei ist, wieder sagen kann: »Wahnsinn!«.

Alle stöhnen, wenn sie solche Bilder sehen, doch alle wären um ein Haar selbst darauf, kurz: die Masse zieht an, keiner entkommen ihrem Sog – warum aber darf keiner dies zugeben, warum spielt jeder den Entsetzten, den Angeekelten? Ist der Mensch scheinheilig oder schizophren: ein Massenwesen, bestrebt, sich als Individuum auszuzeichnen?

Hannelore Schlaffer

Innenleben Lässt sich die Ent-
stehung von Gefühlen aufklären?

W ir müßten uns die Schädeldecken aufbrechen und die
Gedanken einander aus den Hirnfasern zerren«, ließ
Büchner 1835 seinen Danton sagen. Schon 1891 war der Phy-
sio-Psychologe Wilhelm Wundt sich gewiss, »dass einmal eine
Zeit kommen wird, wo unsere Kenntnis der Hirnmechanik
weit vollständiger ist«. Heute scheinen Techniken wie das *brain
scanning* der Forschung die dafür nötigen Mittel an die Hand
zu geben. Mit den Hirnkarten, die verschiedene Zentren neu-
ronaler Aktivität bei einzelnen motorischen und kognitiven
Leistungen oder bestimmten Zuständen darstellen, und den
Erkenntnissen über die biochemischen Botenstoffe, die für
die Verbindungen zwischen den Synapsen sorgen, ist die Forschung weit in die Funktionsweisen des Hirns vorgedrungen.
Doch, was sie sieht, sind Quantitäten, nicht aber Bedeutungen
oder gar einzelne Gedanken oder Gefühle. Schon 1895 hat
Sigmund Freud den Abgrund zwischen dem *empirischen* Zu-
griff auf Quantitäten und dem »Qualitätsproblem« erörtert:
»Das Bewußtsein gibt uns, was man Qualitäten heißt, Empfindungen, die in großer Mannigfaltigkeit *anders sind* und deren
Anders nach Beziehungen zur Außenwelt unterschieden wird.
In diesem Anders gibt es Reihen, Ähnlichkeiten u. dgl., Quan-
titäten gibt es eigentlich darin nicht.«

Freuds Qualitäten, d.h. distinkte Gedanken oder Gefühle –
nennen wir sie Bedeutungen – kommen erst durch Gesicht,
Stimme, Gebärden und andere körperliche Ausdrucksformen
wie z.B. Erröten zum Vorschein. Deren Bezeichnung als ›Aus-

druck« ist aber irreleitend, weil damit suggeriert wird, es gäbe
ein bestimmtes Gefühl, gleichsam verborgen im Innern, bevor
es zum Ausdruck gebracht wird. Die Sache ist aber komplizierter, denn Therapeuten z.B. wissen, dass es sich auch umgekehrt
verhält, dass man mithilfe von Mimik, Stimme u.a. auch emo-
tionale Zustände auslösen kann. Denis Diderot hat dieses Phänomen um 1770 als »Paradox des Schauspielers« diskutiert. Die
Psychoanalyse und viele Neurowissenschaftler gehen heute
davon aus, dass nicht nur das Hirn, sondern der ganze Körper
an der Generierung von affektiven Zuständen, Erinnerungen
u.a. beteiligt ist.

Doch auf welche Weise genau bestimmte Gefühle in Körper
und Hirn entstehen, ist bis heute unklar. Auch die Worte,
mit denen wir sie benennen, spielen dabei eine Rolle. Aber *wie*
und *wo* auf den verschlungenen Wegen von den neuronalen,
biochemischen und anderen leiblichen Vorgängen zu den
menschlichen Artikulationen die Verwandlung der *Quantitäten*
in *Bedeutungen* stattfindet, ist ein Rätsel. Man kann es getrost
ein Wunder nennen. So fragt sich, ob es dereinst gelingen wird,
auch dieses Rätsel zu lösen, oder ob man von einer Grenze
zwischen grundsätzlich unterschiedenen Registern ausgehen
muss, die zwar der menschliche Organismus zu überschreiten
vermag, die die Wissenschaft aber anerkennen muss – und aus
dieser Erkenntnis neue Methoden entwickeln.

Sigrid Weigel

Kapitalismus Warum arbeiten wir so viel?

Spätestens in den 1970er Jahren hätte man beginnen können, Produktivitätszuwächse in arbeitsfreie Zeit statt in mehr Konsum zu verwandeln. 1930, mitten in der ersten großen Krise des Kapitalismus, spekulierte Keynes über »die wirtschaftlichen Aussichten unserer Enkel«. In hundert Jahren, so Keynes, also ungefähr heute, werde die Mensch- heit angefangen haben, ihren arbeitswütigen »alten Adam« loszuwerden und »die verbleibende Arbeit so weit wie möglich aufzuteilen. Drei-Stunden-Schichten oder eine Fünfzehn-Stunden-Woche« wären dann alles, was die Gesellschaft ihren auf Arbeit dressierten Mitgliedern noch würde bewilligen können.

Tatsächlich nehmen Arbeitszeit und Arbeitsvolumen in den reichen Ländern noch immer zu und wird Zeit mehr denn je in Geld verwandelt. Dabei ist Arbeit intensiver geworden und dringt immer tiefer in das Nichtarbeitsleben ein. Viele Menschen arbeiten härter denn je, obwohl ihr Lebensstandard höher ist denn je. Von »Befreiung von der Arbeit« ist keine Rede mehr. Insbesondere die Zahl der Arbeitsstunden, die Paare mit Kindern an den Arbeitsmarkt abgeben, hat infolge der zur sozialen Pflicht gewordenen Beteiligung der Frauen am Rattenrennen der Erwerbstätigkeit dramatisch zugenommen. Familienstrukturen und Familienleben werden den Erfordernissen der Erwerbsarbeit angepasst statt umgekehrt, und Erschöpfung gilt als Ausweis eines gelungenen Lebens. Wie nie zuvor und wie selbstverständlich dominiert die »Karriere« den Alltag, und Vorbereitung auf sie selbst den der Kinder.

Warum arbeiten wir so viel (und so hart)? Ist es »pull« oder »push«: die Aussicht auf die verheißenen Belohnungen oder die Angst vor den zu befürchtenden Bestrafungen? Locken uns die schönen, teuren und ständig für uns neu erfundenen Glitzerdinge, oder zwingt uns ein härter gewordener Wettbewerb zu immer größeren Anstrengungen? Treibt uns eine allgemein-menschliche Unersättlichkeit oder eine in der Menschheitsgeschichte einzigartige, kunstvoll erzeugte seelische und physische Abhängigkeit? Wollen wir, weil wir müssen, oder müssen wir, weil wir wollen? Verheißen die Zwänge der Erwerbsarbeit heute Befreiung von einem verarmten sozialen Leben, in dem ohne Arbeit zu sein bedeutet, ohne Gesellschaft zu sein, und nur eins schlimmer ist als vom Kapitalismus ausgebeutet zu werden: von ihm nicht ausgebeutet zu werden?

Wolfgang Streeck

Karotten Weshalb eigentlich Boni?

Die Frage ist gewiss naiv und rührt an Grundfesten unseres gesellschaftlichen Selbstverständnisses, jedenfalls im Bereich der Einkommenseliten, dennoch: Weshalb eigentlich erhalten ohnehin hoch dotierte Führungskräfte extra Prämien – vulgo: Boni – dafür, dass sie einfach ihren Job machen: als Goalgetter auf dem Fußballfeld Tore schießen, als Manager Unternehmen umsichtig führen oder als Banker Kapital verantwortungsvoll verwalten? Also ohne nun zu direkt und zu persönlich zu werden eben die Messis und Schweinis, die Zetsches und Winterkorns. Sind sie sonst unmotiviert? Und wenn sie dies trotz Bonus einmal doch sind, kommt dann der Malus? Oder haben sie ohne diesen Bonus vielleicht leise Zweifel daran, dass der ganze Mannschafts- und Firmenerfolg allein und ausschließlich ihr Verdienst ist? Fühlen sie sich einfach nicht genügend wertgeschätzt, wenn sie nicht den größten haben – Bonus natürlich? Oder fehlt es ihnen einfach ein wenig an Lesezeit und umfassender Bildung, so dass sie Bonus mit Bonität verwechseln? Denn ökonomisch betrachtet, steht Bonität doch eigentlich für das Gegenteil von Bonus: eben nicht nur durch zusätzliche Anreize und Absicherungen in seinem Job wirklich gut zu sein.

Wolfgang Kaschuba

Klimawandel Wer stoppt
die Zerstörung?

E s werden tagtäglich weltweit etwa 100 Tier- und Pflanzen-
arten ausgerottet. Gut hundertmal mehr als in »normalen«
Zeiten der Erdgeschichte. Die globale Erwärmung schreitet
beschleunigt fort, man rechnet realistischerweise mit einer
»4 °-Welt«, einer Welt, die im Durchschnitt um 4 °C wärmer
ist als in einer normalen geologischen Warmzeit. Man muss
mit katastrophalen Folgen für alle Küstenregionen sowie mit
ständigen Wetterkapriolen, Dürren und Überschwemmungen
rechnen.

Die Dynamik der Artenvernichtung und des Klimawandels
nimmt vorläufig weiter zu, und die Wirtschaftspolitik praktisch aller Länder ist darauf ausgerichtet, die Dynamik zu ver-
stärken statt abzuschwächen.

Wie kann diese zerstörerische Dynamik gebremst und
schließlich gestoppt werden?

Ernst Ulrich v. Weizsäcker

Kohlenstoffchauvinismus Sind (auch) wir intelligent?

Der Kohlenstoffchauvinismus ist ein Kampfbegriff aus der Astro- oder Exobiologie. Seit seiner Verwendung in *The Cosmic Connection* des umtriebigen amerikanischen Astrophysikers Carl Sagan aus dem Jahre 1973 taugt er dazu, die Möglichkeiten anderer, nicht auf Kohlenstoff basierender Lebensformen in Abrede zu stellen und damit das Leben auf der Erde als alleinigen Maßstab ungebührend zu monopolisieren.

Die Konsequenzen dieser Annahme sind weitreichend, betreffen sie doch zwei mögliche Schauplätze alternativer Seins- und Denkformen.

Sie zielt zum einem auf die extraterrestrische Intelligenzen, deren systematischer Erforschung sich das Programm SETI (*Search for Extraterrestrial Intelligence*) verschrieben hat – eigenwillig im Detail und häufig auf dem *state of the art* des technisch Möglichen. So werden etwa im Unternehmen SETI@ *home* nicht genutzte Rechnerkapazitäten von privat zur Verfügung gestellt, um so die aufwendigen Analysen möglicher Signale zu betreiben. Neben dem passiven Lauschen mittels gigantischer Radioteleskopanordnungen gibt es Varianten wie Active SETI oder METI (*Messaging for Extra-Terrestrial Intelligence*), die weniger verhalten auf das Senden von Radiosignalen setzen – ein Vorgehen, das als durchaus umstritten gilt und eigene Formen der Risikoeinschätzung zur Folge hatte. So werden analog zur zehnteiligen Richterskala für die Skalierung von Erdbeben die von der Erde gesendeten Botschaften

in der San-Marino-Skala auf ihr Gefährdungspotential hin
eingeteilt – von 1 = »unbedeutend« bis 10 = »außerordentlich«.

Doch der Kohlenstoff entscheidet nicht nur darüber, ob wir
im Kosmos alleine sind oder ob es dort mögliche Kommuni-
kationspartner für uns geben könnte, er entscheidet zum anderen auch darüber, welchen Stellenwert wir den künstlichen
Intelligenzen auf der Erde zuweisen und wie wir damit uns
selbst in Relation zu diesen bestimmen. Dieser zweite Ein-
satzpunkt betrifft anorganische Denk- und Existenzweisen,
verkörpert in der ganzen Bandbreite künstlicher Intelligenzen, und damit nicht zuletzt die technische Simulation von
Bewusstseinszuständen. Lässt man das meist dystopische
Potential von Parallelgesellschaften aus (teil)autonomen
Robotern mitsamt den Kollaborationsszenarien zwischen
menschlichen und nichtmenschlichen Agenten einmal außer
Acht, so wird die Technosphäre zum Trigger neuer Utopien
und postreligiöser Entwürfe – wie etwa dem der als UFO-Sek-
te bespöttelten Bewegung der Extropianer unter ihrem hoch-
gradig technophilen Leiter Max More. Ihre dezidiert transhu-
manistischen Utopien gründen auf der Überwindung von
Größen wie jener Individualität, die festzuhalten, zu propa-
gieren und zu begründen ganzen Generationen Geistes- und
Kulturwissenschaften unterschiedlicher Couleur Aufgabe
war, von den Redundanzen ihrer kulturkritischen Wahrung
gar nicht erst zu reden. Individualität ebenso wie räumliche
und zeitliche Begrenztheit des kohlenstoffbasierten Körpers
gilt es den Extropianern endlich zu überwinden – etwa durch
das Verfahren des *Mind-Uploading*, also der Externalisierung
menschlicher Bewusstseinsinhalte auf technische Trägersys-
teme. Mit einer großen Geste der Ent-Individualisierung werden holistische Varianten einer kollektiven Superintelligenz
ersonnen und diesen ein überindividuelles Eigenleben kon-
zediert. Damit wird die Überschreitung einer biologischen
zu einer informationellen Lebensform Programm – und ein
Ende des Kohlenstoffchauvinismus absehbar. Jedoch leistet

die Seinsform der Daten einem anderen Chauvinismus Vorschub – dem einer Entgrenzung in die Weiten des Weltalls.

Für den Physiologen und Astronomen Franz von Paula Gru-
ithuisen (1774–1852) war die Identität der Intelligenzen noch
in Geltung – ob auf der Erde oder eben darüber hinaus. In der
*Entdeckung vieler deutlicher Spuren der Mondbewohner, besonders
eines collossalen Kunstgebäudes derselben* aus dem Jahre 1824 ist
das, was hier als chemischer Chauvinismus skizziert ist, in
einem Chauvinismus der Form vorweggenommen. Gruit-
huisen, der unter den Wahrnehmungsbedingungen seiner
Zeit aus der Beobachtung lunarer Infrastrukturmaßnahmen
die Befähigung der Seleniten zur Geometrie erschloss, war
sich schnell darüber im Klaren, damit auch einen probaten
Kommunikationskanal zu den findigen Wege- und Gebäu-
debauern gefunden zu haben. Wenig invasiv, was die kosmischen Dimensionen, aber durchaus unbescheiden, was die
Verwendung der Erde als hypertrophen Zeichenträger anging,
wollte er die leeren Flächen Russlands einsetzen, um dort im
Medium optischer Signalgebung und in Form riesiger Steck-
rübenfelder den pythagoräischen Lehrsatz gen Himmel zu
senden. Ob von dem interstellaren Mathematikunterricht
irgendwelche Gefahren ausgehen und wie diese irdische
Agraranordnung sich auf der San-Marino-Skala ausnähmen,
bleibt offen.

Als Carl Sagan und Josef Schklowski 1966 ihr berühmtes
Buch *Intelligent Life in the Universe* veröffentlichten, schien im
Umkehrschluss auf die außerirdische Intelligenzunterstel-
lung zugleich die auf der Erde gesichert. Wie es in einer Bin-
nenunterscheidung der Intelligenzen auf der Erde allerdings
bestellt ist, bleibt ebenfalls unaufgeklärt. Eine polemische
Antwort liefert ausgerechnet eine Überlegung, die den Über-
trag menschlicher Fähigkeiten auf Maschinen kurzerhand
umdreht und damit dem Narzissmus des habituell gekränk-
ten Menschen ein Schnippchen schlägt. Ob wir nämlich im

Gegensatz zu Maschinen überhaupt denken können, war dem englischen Computerwissenschaftler Harold Thimbleby 1991 einen Aufsatz mit eben dieser immer noch offenen Frage *Can Humans Think?* wert – und leistet der egalitären Hoffnung Vorschub, dass Chauvinismen keine spezifisch menschliche Eigenunart sind.

Stefan Rieger

Kommunikation Was soll der
ganze Quatsch?

J eder Mensch steht irgendwann vor dieser Frage: Was soll der
ganze Quatsch? Man schaltet den Fernseher ein und sieht
größtenteils Blödsinn. Man lauscht der Rede eines Politikers
und hört größtenteils hohles Gewäsch. Der amerikanische
Philosoph Harry Frankfurt ging diese Frage in den 1980er
Jahren systematisch an. Sein Aufsatz »Bullshit« ist mittlerweile ein Klassiker. Seitdem ist Bullshit ein philosophischer Fach-
ausdruck. Frankfurt definierte ihn so: Jemand redet Bullshit,
wenn er so tut, als wäre ihm dabei an der Wahrheit gelegen, es
ihm aber tatsächlich um etwas anderes geht. Die Wahrheit ist
ihm egal, er möchte vielleicht einen guten Eindruck machen
oder seinen Adressaten zu etwas bewegen.

Bullshitter sind also ihrem Wesen nach Fälscher und Schwind-
ler, die mit ihrer Rede die Meinungen und Haltungen derer
manipulieren wollen, zu denen sie sprechen. Ein Werbespot
soll nicht die nackte Wahrheit über ein Produkt zeigen, er soll
das Produkt verkaufen. Ein Politiker im Wahlkampf möchte
keine nüchterne Bilanz der politischen Lage ziehen, er möchte
gewählt werden. Kein Wunder also, dass Menschen in manchen Situationen Bullshit reden. Aber Harry Frankfurt staunte
darüber, dass so große Teile unserer Kommunikation aus
Bullshit bestehen, und fand keine zufriedenstellende Antwort.

Dabei gibt es auch ganz und gar harmlosen Bullshit. Der
Smalltalk auf Partys zum Beispiel nervt zwar manchmal,
schadet aber nicht. Im Gegenteil, er kann entscheidend bei der
Anbahnung eines substanziellen Gesprächs helfen. Ähnliches

gilt für Höflichkeitsfloskeln, die auch dann wirken können, wenn sie nicht so gemeint sind. Aber laut Frankfurt wird auf der Welt so viel Bullshit geredet, dass ein erheblicher Schaden entsteht. Der ganze Bullshit untergräbt das Fundament unserer Kommunikation, die nur dann funktioniert, wenn die Beteiligten im Großen und Ganzen wahrhaftig sind. Es wäre also wünschenswert, das globale Aufkommen an Bullshit zu reduzieren. Dabei fängt am besten jeder bei sich selbst an.

Tobias Hürter

Konjunktur Gibt es lange Wellen?

In den 1920er Jahren glaubte ein russischer Ökonom, der später dem Stalinschen Terror zum Opfer fiel, anhand langer Preisreihen eine Entdeckung gemacht zu haben. Nikolai D. Kondratieff hieß der Wissenschaftler, nach dem seither die sog. Kondratieff-Zyklen benannt sind, lange Schwingungen der wirtschaftlichen Entwicklung, die indes nie empirisch schlüssig nachgewiesen werden konnten.

Prominentester Vertreter der Vorstellung, die Wirtschaft entfalte sich in langen Schwingungen von jeweils etwa 50–60 Jahren mit entsprechend langen Aufschwung- bzw. Abschwungphasen war Joseph A. Schumpeter, der in seiner großen Darstellung der Konjunkturzyklen Ende der 1930er Jahre bis dato glaubte, drei lange Wellen identifizieren zu können (Erste lange Welle in der Industriellen Revolution 1770–1830, zweite lange Welle der Eisenbahn 1830–1890, dritte lange Welle verbunden mit den neuen Industrien Chemie, Elektrotechnik 1890–1930er Jahre). Während Kondratieff glaubt, in Preisreihen Regelmäßigkeiten erkennen zu können, die es allerdings nicht gibt, argumentierte Schumpeter mit Innovationszyklen. Danach entfalten sog. Basisinnovationen eine prägende Kraft, insofern sie für eine bestimmte Zeit ein positives ökonomisches Milieu schaffen, nach deren Ausnutzung eine Phase der langsameren Entwicklung eintritt, bis eine neue Basisinnovation wiederum einen entsprechenden Aufschwung auslöst. Seit Schumpeters Beobachtungen, so sagen seine heutigen Vertreter dieser theoretischen Annahme, seien zwei weitere Wellen zu beobachten gewesen, und zwar eine lange Welle verbunden mit dem Automobil und der Massenmobilisierung,

deren positive Aufschwungszeit insbesondere die 1940er
bis frühen 1960er Jahre bestimmt habe. Danach habe eine
Abschwungphase eingesetzt, die in den späten 1980er Jahren
durch den Beginn einer neuen langen Welle, getragen von der
Mikroelektronik, abgelöst wurde. In dieser Perspektive kann
die Tiefe der Krise von 2008 und die seither anhaltende eher
schleppende Entwicklung auch als Ende der Aufschwung-
phase einer langen Welle und als Beginn einer längeren Phase
gedämpften Wachstums interpretiert werden. Schumpeters
Annahmen und die sich davon herleitenden Überlegungen
sind nicht unbestritten geblieben; vor allem wurde dieser
Sichtweise vorgeworfen, dass sie statistisch nicht eindeutig
belegbar sei, zumal auch die Länge der Zyklen offenkundig
variiere. Überdies könne man über die Regelhaftigkeit langer
Wellen angesichts des fehlenden Grundes für die zyklische
Wiederkehr von Basisinnovationen bestenfalls spekulieren.
Aber gerade deshalb sind und bleiben die langen Wellen ein
Rätsel: Sie lassen sich offenbar gut beobachten, entziehen sich
aber einer statistisch-mathematisch exakten Analyse. Dass
es diese Analyse nicht gibt, kann als ein behebbarer Fehler
erscheinen, oder als Problem einer methodischen Konzeption,
die ihrem Gegenstand jedenfalls nicht immer gemäß ist. Die
Lösung des Rätsels könnte mithin in der Wirtschaftswissen-
schaft selbst liegen, die entweder statistisch-mathematisch
vorangeht oder einsieht, dass sie als Sozialwissenschaft auch
andere als statistisch-mathematische Verfahren zulassen
muss, historische eben. Es kann natürlich auch sein, dass es
lange Wellen gar nicht gibt.

Werner Plumpe

Kosmopolitik Kann es globale Gerechtigkeit geben?

Auf den ersten Blick scheint es sich weniger um eine philosophische als um eine politische Frage zu handeln. Politisch verstanden würde es darum gehen, was alles ins Werk gesetzt werden muss, um einen Zustand der Welt zu erreichen, der sich als gerecht charakterisieren lässt. Aus der Perspektive der Politischen Philosophie verkompliziert sich die Angelegenheit in gewisser Weise. Dort wird schon darüber gestritten, ob sich überhaupt sinnvoll von globaler Gerechtigkeit sprechen lässt. Oder anders gefasst: ob globale Gerechtigkeit eine sinnvolle Zielsetzung politischen Handelns darstellt. Das Problem ist folgendes: Wenn Gerechtigkeit in wesentlichen Teilen eine politische Angelegenheit ist, also das Gemeinwesen betrifft, stellt sich die Frage nach einem Übergang von der Ebene einzelner (National-)Staaten auf die transnationale Ebene, die in ihrer weitesten Ausdehnung den gesamten Globus umfasst. Dabei geht es um die Legitimation politischen Handelns. Gemäß der einflussreichen Position von John Rawls kann der Auftrag, für politische und soziale Gerechtigkeit zu sorgen, nur in Form eines Gesellschaftsvertrags von den Mitgliedern eines Gemeinwesens an dessen politische und soziale Institutionen erteilt werden. Diese Begründung lässt sich jedoch nicht einfach auf die globale Ebene übertragen: Zwar kennt Rawls auch ein »Recht der Völker«, aber Gerechtigkeit bleibt für ihn dennoch primär eine Angelegenheit einzelner Staaten und hat insofern einen partikularen Charakter. Gegner einer solchen Limitierung des Gerechtigkeitsbegriffs, wie z.B. Thomas Pogge, pochen darauf, dass eine direkte moralischpolitische Legitimation globaler Gerechtigkeitsforderungen aus dem Status aller Menschen als ›Weltbürger‹ gezogen werden kann. Sie betonen, dass es strukturelle Ungerechtigkeiten von globalem Ausmaß gibt (Klimawandel, Weltarmut, Welthungerproblem), die sich nicht an staatliche Grenzen halten. Diese Auffassung hat viel für sich. Sie steht allerdings vor dem Problem, wie sich die allgemeine moralisch-kosmopolitische Verpflichtung in konkrete Pflichten übersetzen lässt, die hinreichend genau bestimmen, was von wem (alleine oder gemeinsam mit anderen) zu leisten ist.

Der Streit ist derzeit ungeklärt. Er ist nicht bloß akademisch. Und er ist alles andere als belanglos. Er erinnert daran, dass unsere Interpretationen der Welt einen zentralen Einfluss darauf haben, ob und wie wir diese verändern.

Eike Bohlken

Lachen Wer erfindet eigentlich Witze?

Ein Witz ist die oft kürzeste und seiner Pointe wegen die buchstäblich zugespitzte Form der Erzählung. Er bildet die kleinste Bühne des Scharfsinns und zugleich das Welttheater des Humors. Des menschlichen, manchmal auch zynisch unmenschlichen Lachens. Der Mensch ist ja nicht nur das Tier, das weiß, dass es sterblich ist, sondern auch das *animal qui rit*.

Wir glauben ganz gut zu wissen, warum und unter welchen kulturellen, sozialen, politischen Bedingungen Witze entstehen. Aristoteles, Kant, Schopenhauer und Freud haben über die Funktion und Eigenart des Witzes geschrieben; der große ungarisch-britisch-deutsche Komödiendichter George Tabori sagte, jeder wahre Witz beruhe auf einer Katastrophe, denn er kam aus der jüdischen Tradition des Zusammenhangs zwischen Apokalypse und Humor. Wir wissen auch, dass Diktatoren als erstes den politischen Witz zu verbieten suchen. Und während die griechischen Götter (meist auf Kosten der Menschen) noch ihr homerisches Lachen hatten und der göttlich weise Buddha mindestens lächelt, gibt es zwar Witze mit und sogar über Gott, aber das kann in Teilen der Welt heute schon (wieder) den Kopf kosten. Auch zeigt Gott selber (alias Jahwe alias Allah) gemäß seiner nicht überall geduldeten bildlichen Überlieferung nie ein Lachen. Humor, mitsamt der Spitze des Witzes, ist eben nur menschlich.

Obwohl sich Mitglieder der Gattung Homo sapiens seit vermutlich vielen zehntausend Jahren Witze erzählen, kennen wir nie den Menschen, der die oft inhaltlich komplexen, semantisch/wortwörtlich überraschenden, manchmal gar philosophischen oder poetischen Pointen irgendwann einmal als Erster ersonnen hat. Jeder Witz aber muss irgendwo in den Tiefen von Raum und Zeit auch einen Autor oder eine Autorin haben. Oder es gab eine kleine Gruppe von Leuten, die eine scherzhafte Grundidee ausgesponnen und sich die zugehörigen Worte situativ und spielerisch (wortspielerisch) zugepasst haben. Bis der Witz letztendlich hervortritt: anonym, als Treppenwitz, Sparwitz, Blondinenwitz, Medizinerwitz Ostfriesenwitz oder versehen mit zahllosen weiteren historischen, ethnischen oder beruflichen Zuschreibungen.

Nur in seltenen Fällen gibt es einen Autor, unter dessen Namen sich ein (schon vorhandener) Witz immerhin weiter verbreitet. Samuel Beckett, der einmal bemerkt hat, im Anfang war der Kalauer, und der einen seiner Protagonisten im »Endspiel« sagen lässt, »Nichts ist komischer als das Unglück« (siehe oben auch: Tabori), er erzählt im selben Stück jenen anekdotischen Witz von einem Engländer, der sich eine Hose schneidern lässt. Mit jeder der zahllosen Anproben nimmt der Auftrag zwar Form an, doch immer wieder ist ein Hosenbein noch zu kurz oder kneift es im Schritt. Als der Kunde nach drei Monaten in seiner ärgerlichen Verzweiflung ausruft, dass diese kleine Sache überhaupt kein Ende nehme, während Gott doch die ganze Welt in sechs Tagen geschaffen habe, antwortet der Schneider: »Aber mein Herr! Sehen Sie sich mal die Welt an … *Pause* … und sehen Sie da … meine Hose!«

Hierüber, so melden es die bisweilen recht heiteren Engel, soll ihr sonst so ernster Chef dann doch ein wenig – gelächelt haben. Aber auch er hat, wie Beckett, den Ururheber des göttlich-menschlichen Witzes vergessen.

Peter von Becker

Mensch Sind wir wirklich Affen?

Unumstößlich: Ja. Zweibeinige Affen. Seit 150 Jahren wissen wir es: »Kein Geschöpf eines Gottes, sondern der Natur« und ihrer Evolutionen. Darwin war sofort klar: »Mir ist, als gestehe ich einen Mord« – den Mord am »Menschen«, dessen *absolute* Distinktion vom »Tier« für seine eigene Idee von sich Konstituens war. Und längst wissen wir es genauer: Wir stellen eine von drei existierenden Schimpansen-Arten dar. Gemeiner Schimpanse, Bonobo und wir. Wir drei haben einen gemeinsamen Vorfahren und sind zu 99 % genetisch identisch. Wir sind Affen. Das ist keine offene Frage mehr. Die offene, zugleich existentielle Frage ist die: *Werden wir es eines Tages tatsächlich und in vollem Umfange annehmen, dass wir Affen sind?* Zufriedene, glückliche, bewusste Affen werden? Früh genug, um die Erde doch noch zu retten, die verbliebenen Arten und uns selbst, den dritten Schimpansen?

»Wir wissen es doch alle«, schrieb Freud, »Der Mensch ist nichts anders und nichts Besseres als die Tiere.« Aber: »Er warf sich im Laufe seiner Kulturentwicklung zum Herrn über seine tierischen Mitgeschöpfe auf. (…) er begann eine Kluft zwischen ihr und sein Wesen zu legen. Er sprach ihnen die Vernunft ab und legte sich eine unsterbliche Seele bei«. Freuds Diagnose lautet: Die Spezies Mensch leidet grundlegend an einem »allgemeinen Narzissmus« – einer »narzisstischen Illusion«. Ein Vitium. Eine Erkenntnis von ungeheurer Tragweite. Die Selbstherrlichkeit unserer Spezies homo sapiens sapiens ist nicht bloß akzidentiell. Grundlegend sieht und fühlt der Mensch sich als Zentrum der Welt, als absoluter Souverän. Eine immense, zuletzt explosive Anstrengung steht dabei

zwanghaft im Mittelpunkt: die äußere und innere Natur zu
beherrschen. Natur- und Selbstbeherrschung gelingen nur
durch unerbittliches Niederringen – und genau das ist und be-
treibt der Mensch: Negation der Natur. Seine »Rationalität« ist
ihm die effektivste Waffe dabei, *Dialektik der Aufklärung*. Und
exakt so führt sich der Mensch auf seinem Planeten auf: als die
grausamste, brutalste der drei Schimpansen-Arten. Als absoluter Herrscher, dem alles Ressource ist – die gesamte Natur,
der ganze Planet. Die Pointe ist die: Erst wenn dieser Affe das
Bewusstsein seines Affenseins *erlangte*, hätte er eine Chance,
nicht mehr blindwütig die unerbittlichen biologisch-evoluti-
onären Programme zu exekutieren und ihrem fürchterlichen
Bann zu entkommen. Denn es gilt: »Man kann den Affen aus
dem Urwald nehmen, aber nicht den Urwald aus dem Affen«,
wie der evolutionäre Verhaltensforscher Frans de Wal formuliert. Eine Anerkennung, die dem Menschen unendlich
schwer fallen *muss*, trifft sie ihn *im Kern*. Schmerzhafter geht es
nicht. Immerhin, das momentane menschliche Handeln wird
jetzt plausibel: Wild rast und wütet der Affe im Kampf um
»reproduktive Vorteile«. Aber es schafft längst keinen »Nutzen« mehr, um, wie es einst das Ziel dieser Programme war: zu
leben beziehungsweise zu überleben. Der Mensch hat die wil-
den Tiere längst besiegt, er hat sich hinreichend reproduziert.
Er könnte vom Furor lassen. Ihm würde dennoch nicht langweilig – auch als Affe gäbe es innen und außen immer noch
hinreichend Leid und Bedrohungen, um sich mit allen Kräften
anzustrengen. Und sogar: Einiges von dem, was er in seinen
schönsten, besten Illusionen, »Mensch« zu sein, je imaginiert
hatte, könnte Wirklichkeit werden.

Jörg Bong

Mitteleuropa Wann liegen Polen und Ungarn nicht mehr im Osten?

Geographische Einteilungen sind, das ist bekannt, weniger wissenschaftlich als politisch und ideologisch begründet. So wurden Russland und Polen zum Beispiel im 18. Jahrhundert häufig zu Nordeuropa gezählt; erst im 19. Jahrhundert hat sich die europäische Nord-Süd-Achse in eine Ost-West-Achse verwandelt, so dass die ehemals nordischen Länder sich plötzlich in Osteuropa befanden. Kurzfristig war auch von der Mitte Europas die Rede: Friedrich Naumann prägte den wirtschaftlich und politisch gedachten Begriff »Mitteleuropa« 1915, der jedoch bald in Verruf geriet, zeugte er doch von einem Hegemoniestreben Deutschlands. Spätestens im Kalten Krieg verschwand diese Mitte Europas wieder, denn Europa wurde aufgeteilt in die Welt vor dem eisernen Vorhang und die dahinter – in West und Ost.

Dabei strebten die Länder, die man politisch in den Osten verschoben hatte, ab den 1950er Jahren (Stichworte sind der Aufstand in Ungarn 1956, der Prager Frühling 1968 und der polnische März 1968) zurück in die Mitte bzw. zurück nach Europa: Czesław Miłosz beschreibt in seinem Buch Ost und westliches Gelände von 1958 für die westlichen Leser Litauen und Polen und damit das »andere Europa«; Milan Kundera spricht 1984 von der »Tragödie Zentraleuropas«, die darin liege, dass die mitteleuropäischen Kulturen von der Landkarte des Westens verschwunden seien und als »sowjetisch« abgestempelt würden.

Heute ist es über 25 Jahre her, dass der eiserne Vorhang gefallen ist, und dennoch: die mentale Landkarte des Westens ist noch immer von der Ost-West-Dichotomie des Kalten Krieges geprägt, und das Gros der Deutschen hält zum Beispiel Polen für das Land, aus dem die Putzfrauen herkommen und wo die gestohlenen Autos hingehen. Dass Polen einen enormen Anteil an der europäischen Kultur hat und mitten in Europa liegt, wissen nur wenige. Leider.

Schamma Schahadat

Monogamie Was suchen Mann und Frau in der Ehe?

Was suchen Mann und Frau in der Ehe? Die meisten Paare hängen zusammen wie zwei ineinander verbissene Hunde. Trotzdem lassen sich Mann und Frau immer wieder darauf ein. Sie suchen Liebe, Verständnis, Leidenschaft und Harmonie. Dabei hat die Wissenschaft längst ganz andere Faktoren als wichtig erkannt: Was Paare zusammenhält, sind permanenter Ärger über den anderen, nagender Zweifel, wenig Sex und die richtige Körpergröße.

Warum werden diese elementaren Erkenntnisse der Wissenschaft nicht endlich ernstgenommen?

Chronische Paare brauchen keine Romantik und auch nicht die Illusion, sich immer verstehen zu müssen. Genervt sein vom anderen, schweißt zusammen. Die Wut auf die herumliegenden Socken oder der Beziehungsklassiker von der falsch ausgedrückten Zahnpasta. Die Alarmglocken sollten angehen, wenn sich einer von beiden nicht mehr über den anderen aufregt.

Doch was machen die Menschen? Rennen zur Paartherapie. Lassen in endlosen Beziehungsgesprächen im Auto die Windschutzscheibe beschlagen. Suchen die große, die einzige Liebe, auch nach Jahren noch, statt sich mit der mittelmäßigen Ehe abzugeben, die nach spätestens vier Jahren jeder Paarung droht. Dieser Optimierungswahn bedroht sogar die stabilsten unzufriedenen Beziehungen.

Warum sind wir alle ein bisschen Clint Eastwood? Der hat gesagt: »Es gibt nur einen Weg, eine glückliche Ehe zu führen, und sobald ich erfahre, welcher das ist, werde ich erneut heiraten.«

Werner Bartens

Musiktheater Warum lebt
die Oper immer weiter?

Ist der Lebende immer Sieger über den Toten? Oder gilt, dass
das mutmaßlich in der Versenkung Verschwundene jederzeit eine Retrogenese erfahren kann? Dass das, was definitiv
weg vom Fenster zu sein scheint, weiterhin da ist – nun aber
verwandelt, ungleich fremder und am Ende gar ausstaffiert
mit einer postmortalen mythischen Dignität? Dass man es
plötzlich über den grünen Klee der Grabeshügel hinweg lobt
und dabei eine noch gewachsene Strahlkraft wahrzunehmen
glaubt? Die Oper scheint mir ein solcher Fall zu sein.

Als Verdi die Nachricht vom Tode Wagners, geschehen am
Dienstag, dem 13. Februar in Venedig, in einer Depesche
vom 14. Februar 1883 erhielt, schrieb er am darauffolgenden
Tag an seinen Freund, den Mailänder Verleger Giulio Ricor-
di: »Triste triste triste! Vagner è morto!«. Im Augenblick der
angelangten Nachricht musste sich dieser in der Sekunde
geschehene Lapsus Linguae, der mit Sicherheit auf keinem
Lapsus Memoriae beruhte, zugetragen haben. Die kleine
Fehlleistung, die den eigenen Initialbuchstaben auf den deutschen Antipoden transferierte, machte diesen unversehens
zum Weggefährten. Und darüber hinaus: Verdi redigierte
seinen Text noch, ohne den geschehenen Lapsus überhaupt
zu bemerken. Er strich das Epítheton potente aus und ersetzte es durch seine höchste Steigerungsstufe potentissima. Aus
mächtig wird übermächtig. Vagner also – ein Name, dessen
»übermächtige Spur in der Geschichte der Kunst nie erlö-
schen wird«.

Verdi sollte Recht bekommen. Der tote Wagner wurde virulenter noch als der lebende, der allemal zu Lebzeiten schon Denkmalschutz genoss. Über Verdis ohne Kommata hervorgebrachte drei Triste ist viel geredet worden. So, mit ganz reinem Herzen und großmütigem Trauerbekenntnis, senke ein Krieger seinen Degen vor dem gefallenen Feind, schrieb, wohl etwas zu martialisch, etwa Franz Werfel. Der Nachruhm des italienischen Maestros selbst, der sich Musik an seinem Grabe verbat und nur zwei Priester, zwei Kerzen und ein Kreuz zulassen wollte, präsentierte sich jedoch auf gleicher Höhe. »Er liebte und weinte für alle«, schrieb D'Annunzio. Die längst totgesagte italienische Oper schien reanimiert. Verdi hatte mit seinem avancierten und mutigen Alterswerk, den beiden Shakespeare-Opern Otello und Falstaff, den Beweis dafür erbracht, dass der Gesang, das Gravitationszentrum der Kunstform, exhumiert und reanimiert zu werden vermochte. Die italienische Oper war damit, aller Kunstapokalyptik trotzend, nicht gestorben. »There was life in the old dog yet« und für Puccini und die Veristen eröffneten sich neue Wege.

Wagner wiederum hatte spätestens mit seinem unerlöst-unauflösbaren Tristan-Spannungs-Akkord eine radikale und absolute neue Klangwirkung erzeugt; eine harmonisch, dissonante Wirkung auf eine nicht erklungene Ursache, hier die nur zu vermutende Grundtonart a-Moll. Hierin wurde das Ende der traditionellen Musikdramaturgie gesehen, der Tod der alten Handlungsoper und gleichzeitig der Beginn eines neuen Zeitalters. »Ich lebe ewig in ihr« verhieß Wagner selbst am Ende. Am Kompositionsbeginn wollte er sich selbst noch mit der am Ende geplanten schwarzen Flagge des Schlusses zudecken, »um – zu sterben« (an Liszt). Davon war später keine Rede mehr.

Von Wagner stammte das Wort vom »offenkundigen Tod der Oper«. Pierre Boulez' nicht zu Unrecht immer wieder zitierter kraftmeierischer Aufruf »Sprengt die Opernhäuser in die

Luft« brachte den alten Topos auf einen neuen Höhepunkt: »die Oper mit ihrem traditionellen Publikum hat nichts von den Veränderungen der Zeit gespürt. Sie lebt im Getto. Die Oper ist mit einer Kirche zu vergleichen, in der man höchstens die Kantaten des 18. Jahrhunderts singt. Ich habe keine Sehnsucht, die Leute zu befreien, die lieber im Getto ersticken wollen – ich habe gegen diese Art von Selbstmord nichts einzuwenden.«

Zu den Opfern solcher Sprengungseuphorie gehörte u.a. auch der verhasste Hans Werner Henze, der seinerseits dem »petit bourgeois« und »calvinistischen Einzelkämpfer« Boulez fehlenden Antifaschismus unterstellte. Der Bürgerkrieg in der Tonkunst setzte sich fort. In Donaueschingen glaubte man sich in einer Tagung des Russel-Tribunals. In jüngster Zeit hat der slowenische Philosoph Slavoj Žižek den Topos neu aufgenommen. Die Oper sei bereits gestorben, formulierte er nach der Jahrtausendwende. Freud selbst, der Vater der Psychoanalyse, habe ihr den Todesstoß versetzt, habe deren eigene psychoanalytische Funktionen in die Psychatrien statt auf die Opernbühnen versetzt. Solche Aneignung sei gleichsam der zweite Tod der Oper, denn niemals zuvor habe sie je im Einklang mit ihrer Zeit gestanden. Das endlose Geraune um das Ende oder die Götterdämmerung einer Kunstform währt bis zum heutigen Tage an. Vielleicht ist das Bewusstsein der Endlichkeit ein Indikator für die Ewigkeit und die Frage bleibt so offen wie die Wunde des Amfortas, bevor der einstige Tor sie schließt und damit eine bengalisch illuminierte Erlösung einleitet. Vielleicht aber hatte auch Hans Werner Henze das Wesentliche angesprochen, als er auf die Frage, woher er denn in hohem Alter noch die Kraft nehme, Werke zu schaffen, die so schlichte wie tiefe Antwort gab: »Todesangst«. Vielleicht ist das überdauernde Sein der Kunstform überhaupt erst aus solcher Todesangst zu enträtseln.

Norbert Abels

Mutation Wie entstand das Bewusstsein?

D er Entdecker der Auslösung von Muskelbewegungen durch Nervenströme, der Berliner Neurologie Emil Du Bois-Reymond, ist u. a. bekannt worden durch seine »Ignorabismus«-These, die These, dass das phänomenale Bewusstsein (also das an Empfindungen, Stimmungen und Gefühlen beteiligte Bewusstsein) grundsätzlich unerklärlich sei. Selbst unter der Annahme, dass wir eines Tages über eine schlechthin vollständige Kenntnis der physiologischen Bedingungen des phänomenalen Bewusstseins verfügten, würde dennoch das Bewusstsein auf ewig ein Geheimnis bleiben. Zwei Antwortstrategien auf Du Bois-Reymonds »Ignorabismus«-These bieten sich an: die neurophysiologische und die selektionistische. Die erstere verweist auf die empirisch beobachteten Korrelationen zwischen Bewusstseins- und Gehirnereignissen und reklamiert, dass diese als Erklärungsgrundlage vollauf hinreichen. Diese – insbesondere bei Neurowissenschaftlern beliebte – Antwortstrategie verfehlt allerdings die prinzipielle Natur von Du Bois-Reymonds Frage. Diese zielt ja nicht auf die Identifikation der korrelativen oder kausalen Beziehungen zwischen Bewusstseins- und neuronalen Ereignissen, sondern darauf, warum diese Beziehungen bestehen: Wie kommt die Natur, metaphorisch gesprochen, dazu, sich selbst zu transzendieren und mit dem Bewusstsein eine weitere, neue Seinsstufe zu betreten? Die zweite Antwortstrategie vermag ebenso wenig zu befriedigen. Die natürliche Selektion kann lediglich erklären, warum bestimmte Merkmale, entweder kraft ihres eigenen Überlebenswerts oder kraft des Überlebenswerts der physischen Merkmale, an die sie naturgesetzlich gekoppelt sind, erhalten geblieben sind. Sie kann nicht erklären, wieso es zu diesen Merkmalen allererst gekommen ist. Die Frage, wie es dazu kommen konnte, dass bestimmte Zufallsmutationen hinreichend waren, über bestimmte physische Strukturen hinaus davon kategorial gänzlich verschiedene psychische Strukturen hervorzubringen, bleibt auch durch die selektionistische Strategie unbeantwortet.

Dieter Birnbacher

Nachwuchs Warum haben alle nur ihren Lehrstuhl im Sinn?

Der erste Eintrag zum Stichwort »Nachwuchs« im Grimmschen Wörterbuch lautet: »in jedem wald ... herscht ein natürliches System des nachwuchses‹ Gutzkow, ritter v. geiste [!], 1, 246«. In Deutschland herrscht, was den akademischen und wissenschaftlichen Nachwuchs anbelangt, gewiss kein System, dafür aber eine Diskussion. Sie ist im 333. Jahr des Metzler-Verlags, wohl ohne dessen Zutun, wieder einmal in eine heiße Phase getreten. Die Bundesministerin kündigt auf der Jahresversammlung der Professorengewerkschaft Geld für mehr tenure-Professuren an. Sie tut das freilich unter dem Vorbehalt der Länder. Ein paar Länder haben ja auch schon selbst längst angekündigt: Hessen wird die Juniorprofessur zugunsten einer »Professur mit Entwicklungszusage« abschaffen. Rheinland-Pfalz dagegen will die Juniorprofessur erhalten und jede zweite mit einer tenure-Option ausstatten. Da tut sich also was, wenn auch sicher nicht in Richtung eines »Systems«. Aber nicht das Unsystematische ist das größte Problem. Bei nämlicher Jahresversammlung ruft ein Universitätspräsident »Die alte deutsche Ordinarienherrlichkeit ist eine Katastrophe«. Niemand spendet Beifall. Warum auch, haben nicht eben Vertreter und Freunde dieser alten Herrlichkeit im Namen der Tradition den Freiburger Versuch, in der Philosophie eine tenure-Professur einzurichten, philosophisch zumindest in Grund und Boden gestampft? Überhaupt, wie das Bund-Länder-Chaos und die verfassungsgerichtlich gestützte Lehrstuhltradition die Juniorprofessur kleingekriegt haben, so wird man doch wohl auch den neuen Anlauf, das tenure-Gewese, klein kriegen. Kein Wald mit Nachwuchssystem, sondern Steppe mit Mitarbeitererhaltungsdickicht. Die wirklich *offene Frage* dabei ist, ob irgendwann die Generation von Professorinnen und Professoren heranwächst, die versteht, dass der Kern des Problems nicht die Tradition und Zukunft ihres Lehrstuhls ist, sondern eine Unumkehrbarkeitsgefahr. Immer mehr unserer glänzend ausgewiesenen jungen Akademiker meiden die abenteuerlichen Beschäftigungsverhältnisse an deutschen Universitäten und die nicht minder abenteuerliche Intransparenz ihrer Karrierewege. Immer mehr der Besten gehen dahin, wo echte Konkurrenz mit abschätzbaren Erfolgsaussichten herrscht, sei's in einem anderen Land, sei's in einem anderen Wald. Wenn dieser Trend nicht bald gebrochen wird, dann werden nur noch die Zweit- und Drittbesten des akademischen Nachwuchses mangels Alternativen sich ins Dickicht des wissenschaftlichen Nachwuchses begeben. Dann werden für den Rang unserer Wissenschaften tatsächlich nur noch die Tradition und die Namen des letzten Jahrhunderts stehen.

Gerhart von Graevenitz

Ort Wo sollen wir hingehen die ganze Zeit?

R und 200 Jahre nach Immanuel Kant kommt durch die Band »Einstürzende Neubauten« eine wichtige fünfte Frage zu den eigentlich alle subsumierenden kantischen Fragen hinzu: »Wo sollen wir hingehen die ganze Zeit?« Der Mensch scheint einen innewohnenden Drang nach Ortswechseln zu verspüren. »Sollen wir nicht noch irgendwo hingehen?« ist eine oft gestellte Frage. Warum nicht einfach mal bleiben? Nein, er ist ruhelos, der Mensch. Er geht zur Schule, geht zur Arbeit, geht einkaufen, geht fremd, geht spazieren, geht aus, geht Kaffee trinken, geht Zigaretten holen, geht verloren. Er plant Urlaub, bekommt Heimweh, plant wieder Urlaub, geht wandern und bekommt Blasen, weil er absurderweise bei der ganzen Geherei am wenigsten auf seine Füße achtet, da diese ja auch so weit weg sind von der ganzen ortssüchtigen Aufmerksamkeit. Aber wo sollen wir eigentlich hingehen die ganze Zeit? Kommt man an, will man auch schon wieder weg. Liegt es vielleicht an der von Kant diagnostizierten nur zufälligen Örtlichkeit der Seele, die also ständig auf der Suche ist? Haben wir Angst zu enden wie Oblomow auf der Couch? Oder verspüren wir diese Sehnsucht nach Ortswechseln gerade weil wir die ganze Zeit an ein- und demselben Ort, nämlich in uns selbst, als dem »absoluten Subjekt«, gefangen sind?

Franziska Remeika

Paralleluniversum Wie oft gibt es uns wirklich?

E lvis lebt. Unendlich oft. In anderen Universen. Das behauptet kein durchgeknallter Elvis-Presley-Fan, sondern
der angesehene Physikprofessor Alexander Vilenkin von der
amerikanischen Tufts University. Gut ein Jahr nach der Jahrtausendwende – George W. Bush hatte gerade die Präsident-
schaftswahl gegen Herausforderer Al Gore für sich entschieden – veröffentlichte Vilenkin einen Aufsatz im wichtigsten
Fachblatt der Physiker, Physical Review. Auf zehn Seiten lässt
sich der Wissenschaftler mit den üblichen Fachbegriffen über
die Beschaffenheit des Universums aus. Doch im letzten Ab-
schnitt heißt es plötzlich: »Manchen Leser wird die Nachricht
freuen, dass es unendlich viele Regionen [im Kosmos] gibt,
in denen Al Gore Präsident ist und – ja! – Elvis noch lebt!« Im
Übrigen gebe es auch von jedem Leser und allen anderen Menschen unendlich viele Doppelgänger in anderen Welten. Jede
Geschichte, die möglich ist, ist irgendwo Wirklichkeit.

Solche Spekulationen, die wie Science Fiction klingen, werden
neuerdings als seriöse Wissenschaft gehandelt. Der Grundge-
danke lässt sich in einem Satz zusammenfassen und ist ebenso
schlicht wie unglaublich: Unser Universum ist nur eines von
vielen, und jeder Mensch hat Doppelgänger in anderen Universen. Das ist die Idee des »Multiversums«. Wie kommen die
Physiker darauf?

Seit Jahrzehnten plagen sich die Gelehrten mit der Frage, warum in unserem Universum genau jene Naturgesetze gelten,
die Newton, Einstein und andere gefunden haben. Wären Na-

turkonstanten wie die Gravitationskonstante oder die Ladung des Elektrons nur ein wenig anders, hätte es nie Sterne oder Planeten gegeben. Lange Zeit versuchten die Forscher, eine Art Ur-Theorie zu finden, aus der die Parameter des Universums mathematisch abzuleiten sind, das Projekt Weltformel. Am weitesten kamen die Stringtheoretiker, die Elementarteilchen als winzige schwingende Saiten (Strings) betrachten. Bis sie feststellten, dass ihre Theorie nicht nur eine, sondern unzählige Weltformeln hervorbringt. Könnte es sein, dass jede dieser Formeln ein real existierendes Universum beschreibt? Dass es vielleicht sogar unendlich viele Universen gibt, in denen dann auch Doppelgänger von uns auftauchen müssten? Darüber wird derzeit erbittert gestritten. Denn es ist fraglich, ob sich diese Hypothese jemals überprüfen lässt. Außerdem gibt es ein logisches Problem: Wenn die Multiversums-Anhänger recht haben, gäbe es auch ziemlich viele Universen, in denen ihre Theorie längst widerlegt wurde.

Max Rauner

Performanz Warum reden Wissenschaftler nicht darüber, wie sie auftreten?

V on uns selber schweigen wir«, hat der Soziologe Martin Kohli einen Aufsatz betitelt, der von der notorischen Unlust der Wissenschaftler, über die eigene Person zu reden, handelt. Von uns selber quatschen wir — und zwar viel zu viel, meinen andere dagegen. Die Frequenz der Wortverwendung »Ich« in wissenschaftlichen Texten nehme zu, Wissenschaftler machten sich auf manchmal lächerliche Weise zu PR-Strategen ihrer selbst. Das mag stimmen, das Genre der Wissenschaftler(auto)biografien beispielsweise floriert. Doch *worüber* reden sie? Über ihre Heldentaten an der Front der Wissenschaft, kaum aber über ihre Person. Die bleibt nach wie vor strikt von der »Sache« getrennt; persönlich wird es gerade einmal in Anekdoten.

Michel Foucault hat den Begriff der »Position des Sprechers« geprägt. Wissenschaftliche Erkenntnis müsse erst »ins Wahre« gerückt werden, um *als wissenschaftlich* anerkannt zu werden, und das geschieht über die Person der Wissenschaftler, die Kompetenz regelrecht verkörpern, indem sie mit einem spezifischen Habitus auftreten, dadurch Konformität mit der eigenen Profession demonstrieren und dadurch wiederum solide Wissenschaftlichkeit verbürgen. Das hat etwas vom Theater, eine professionelle, erprobte *performance* für Kollegen und Öffentlichkeit. Durch das Spiel wird deutlich: Er oder sie gehört zu uns, ist bereit, die Standards einzuhalten, ist kompetent für ein Thema, wird also relevante Erkenntnis fördern. Performanz reduziert Komplexität. Wenn der Auftritt stimmt, kann man auf eine Verlässlichkeit der vorgestellten Tatsachen schließen.

Warum aber bildet die Untersuchung der Performanz eine Leerstelle in der Wissenschaftsgeschichte? Weil im Selbstbild der Wissenschaft »Tatsachen« für sich stehen und unabhängig von den erkundenden Wissenschaftlern existieren müssen. Dieser Meinung hatte der Mediziner Ludwik Fleck allerdings schon 1935 widersprochen. Erkennen, so Fleck, sei ein sozialer Prozess, der sich in »Denkkollektiven« abspiele, dasselbe gelte für die Frage, welche Erkenntnisse als »Tatsachen« anerkannt oder als irrelevant verworfen würden. Und so steht noch aus zu untersuchen, wie die herausragenden und die durchschnittlichen Gelehrten im ganz normalen Alltagsbetrieb der Wissenschaft funktionieren. Es muss aufgedeckt werden, wie sie sich zu spezifischen *Subjekten* bilden, die es lernen, den Grat zwischen Konformität und Originalität zu gehen und zum »Vf.« zu werden – die Chiffre für ein paradoxes Subjekt, das sich erfolgreich zu einem *individuellen, depersonalisierten Autor* geformt hat. Es ist körperlich präsent und beglaubigt Originalität, es nimmt sich zugleich unübersehbar zurück und lässt den Tatsachen den Vortritt. Das erfordert Spielkunst. Ohne diese *performance* im Theater des Wissenschaftsbetriebs wird man schwer in eine Position des Sprechers aufsteigen können. Ohne das zu untersuchen, ist die Wissenschaft gegenüber sich selbst blind.

Thomas Etzemüller

Pessimistische Meta-Induktion
Warum glauben wir, dass wir die Welt heute richtig sehen?

Die menschliche Spezies besitzt die allgemeine Tendenz zum Optimismus. Dieser Optimismus manifestiert sich in verschiedensten Kontexten im wiederkehrenden Ausspruch »Dieses Mal ist alles anders«. Ob dies nun frisch Verliebte sind, die ihre aktuelle Beziehung mit der Reihe der bereits gescheiterten vergleichen, Diätwillige, die meinen, mit der aktuellen Frühjahrsdiät endlich die Kilos zu verlieren, die von keiner Diät zuvor dauerhaft bekämpft werden konnten, oder Möchtegern-Fitte, die zum wiederholten Mal mit besten Vorsätzen eine Mitgliedschaft im Fitnessstudio beginnen. Wissenschaftler sind da nicht anders. Mehrheitlich glauben sie, dass unsere heutige Wissenschaft im Großen und Ganzen in der Lage ist, die Welt so zu beschreiben und zu erklären wie sie wirklich ist. Und das, obwohl ein Blick in die Geschichte zeigt, dass Wissenschaftler dies erstens schon immer geglaubt haben und dabei zweitens oftmals überaus abstrusen Theorien anhingen. Da gab es Hirngespinste wie den Äther, der als Medium für die Ausbreitung des Lichts gebraucht wurde, das Phlogiston, das man als Substanz postulierte um Verbrennungsvorgänge zu verstehen oder die Vorstellung, dass Krankheiten wie die Syphilis, durch ungünstige Planetenkonstellationen verursacht werden können. Als jedem gesunden Menschenverstand widersprechend empfinden wir diese Theorien heute und wundern uns, wie blind und verblendet Menschen der Vergangenheit sein konnten. Dabei fanden unsere Vorfahren ihre

Art, die Welt zu erklären, überaus einleuchtend und hätten vielleicht in unserer heutigen Weltsicht Aspekte vermisst, die ihnen damals als zentral wichtig erschienen. Nun kann man natürlich aus der Vergangenheit in die Gegenwart hinein extrapolieren und sich die Frage stellen, warum grade wir heute in einer besonders ausgezeichneten Zeit leben sollten, in der wir endlich die zutreffende Weltbeschreibung gefunden haben, die unseren Vorfahren verwehrt geblieben ist. Diese Überlegung hat in der Wissenschafts-Philosophie einen wunderbar technischen Namen und wird »pessimistische Meta-Induktion« genannt. Ob unsere Nachfahren in ein paar hundert Jahren mit Blick auf unsere heutige Wissenschaft ungläubig mit dem Kopf schütteln werden, ist eine offene Frage, die sich zwar innerhalb unserer Lebenszeit nicht mehr klären wird, über die nachzudenken aber dennoch faszinierend ist.

Sibylle Anderl

Poesie Wen interessiert die Sprache der schönen Literatur?

Die Sprache eines literarischen Textes mag den Leser ergreifen, überraschen und faszinieren: Auch ein entwickeltes Gespür muss nicht dazu führen, dass er sich explizit zur Sprache des Werkes äußern will oder kann.

Ein Interesse in der alltagssprachlichen Bedeutung des Wortes ist an bewusste Hinwendung gebunden und führt in der Regel zur Möglichkeit sprachlicher Artikulation. Es besteht jedenfalls bei Literaturkritikern und Juroren, die Preise vergeben, und führe es nur zu einem einzigen Halbsatz. Jürgen Becker erhält den Büchner-Preis 2014, denn seine Gedichte lebten »von einer … vollendeten, dabei ganz unaufdringlichen Sprachkunst.« Jan Wagner wird mit dem Leipziger Buchpreis 2015 für einen Gedichtband geehrt, in dem »Unkraut und unreiner Reim ihren Charme entfalten und die Lust am Spiel mit der Sprache vor den strengen Formen nicht Halt macht«. Der Sprachraum ist hier kaum und insbesondere nicht fachsprachlich begrenzt. Fachsprachliches erwartet man aber aus den ›zuständigen‹ Disziplinen, der Sprach- und der Literaturwissenschaft.

Die neuere Sprachwissenschaft, auch Linguistik genannt, wendet sich stärker als noch vor wenigen Jahren der schönen Literatur zu. Titel wie ›Literaturstil – sprachwissenschaftlich‹, ›Sprache – Literatur – Literatursprache. Linguistische Beiträge‹ oder ›Der Text als Begegnungsfeld zwischen Literaturwissen-

schaft und Linguistik‹ bleiben mit teilweise beeindruckenden
Ergebnissen der eigenen Professionalität verpflichtet.

In der Literaturwissenschaft gibt es ein etabliertes Wissen
etwa über Metrik, Literatursemiotik, rhetorische Figuren
und Teile der Stilistik. Sprachwissenschaftliches im engeren
Sinn ist weitgehend kanonisiert mit Gegenständen wie ele-
mentare Grammatik, Komposition, Verbpartikeln und Para-/
Hypotaxe, in der Regel allerdings abgekoppelt vom sprach-
wissenschaftlichen Kenntnisstand. Warum ist das so und
warum kommen Sprach- und Literaturwissenschaft innerhalb
der Germanistik (und der Philologien überhaupt) nicht mehr
zusammen? Die Frage könnte für die Zukunft der Disziplinen
von einiger Bedeutung sein.

Abgrenzungen sehen beispielsweise so aus: »Die mehr oder
weniger obligatorische Kombination von Linguistik und
(neuerer) Literaturwissenschaft resultiert ... aus der Tatsache,
dass in den Lehramtsstudiengängen nach wie vor Deutschleh-
rer/innen für Sprache *und* Literatur ausgebildet werden. Aus
literaturwissenschaftlicher Sicht ist das sinnvoll, aber nicht
notwendig.« Oder »Die Linguistik ist für die Literaturwissenschaft ähnlich nützlich wie die Mineralogie für die Betrachtung einer Marmorstatue.« Oder »Nur von außen gesehen
haben germanistische Literaturwissenschaft und germanistische Sprachwissenschaft mit demselben ›Deutsch‹ zu tun. Mag
das Wort- und Syntax-›Material‹ als solches auch das gleiche
sein, unterscheidet es sich ontologisch doch umso mehr.« oder
»So ist die Linguistik heutzutage durchweg eine empirische
Disziplin ... Zwar teilt sie mit den Geisteswissenschaften den
Gegenstand, die verbalen Zeichen, jedoch nicht mehr die Me-
thodik ... Geisteswissenschaftlich sollten daher nur jene disziplinären Ausprägungen genannt werden, die Hermeneutik bzw.
Historiographie zum Fundament ihrer Erkenntnisleistungen
machen.«

Gegenbeispiele muss man mit der Lupe suchen. Natürlich lässt sich jedes derartige Zitat demontieren, nur hilft uns das kaum bei der Frage weiter, warum die Abneigung gegen professionelle Analysen der Literatursprache so verbreitet ist und so tief sitzt.

Peter Eisenberg

Polis Wer interessiert sich eigentlich noch für den Staat?

In den deutschen Universitäten stellt man fest, dass wesentliche Teile der alten staatswissenschaftlichen Disziplinen zunehmend *den konkreten Staat als Gegenstand verloren haben* oder dabei sind, letzte Reste davon »abzuwerfen«:

Die *Volkswirtschaftslehre* verliert seit Jahrzehnten das Interesse an konkreten Gegenständen. Der Sozialstaat – immerhin bald ein Drittel des Bruttosozialprodukts – interessiert sie *institutionell-empirisch* ebenso wenig wie die komplexen Finanzbeziehungen zwischen Bund, Ländern, Gemeinden und den Parafisci, die zusammen genommen ca. die Hälfte des Bruttosozialprodukts in Händen haben. Der Bierdeckel, das wettbewerbsinspirierte Modell oder die mathematische Abstraktion, die US-journalfähig ist, herrschen vor.

In der *Betriebswirtschaftslehre* sind »öffentliche Unternehmen« oder der Staat als »Unternehmen mit eigenen Zwecken« kein Thema (mehr). Es gibt wohl nur noch einen Betriebswirt für öffentliche BWL (in Speyer). Man tut einfach so als sei der Staat ein privates Unternehmen und glaubt, im »als ob« ließen sich die Daseinsvorsorgeprobleme lösen.

In der Soziologie hat die »politische Soziologie« auch ihre großen Zeiten hinter sich, man steht dort doch eher mit dem Rücken zur Wand des Politischen.

Sollen also das öffentliche Recht und die Politikwissenschaft die letzten Disziplinen werden, die sich noch genauer für den

Staat in seiner konkreten Gestalt interessieren? Wie lange
kann das gut gehen?

All das geschieht ja in öffentlich finanzierten Wissenssyste-
men, in den Universitäten. Will der Staat sich dort nicht mehr
behandelt wissen? Will er kein Personal, das vorab über ihn
etwas Konkretes an Universitäten erfahren hat, gewissermaßen eine »Unabhängigkeit« neuer Art und alles wird zum »le-
arning on the job«? Sind die Wissenschaftsminister hier sanft
entschlafen, die doch insoweit Akzente (mit)setzen müssten?

Gleichzeitig stellen wir auf der Staatsseite fest, dass der Staat
manche Erfahrungen verliert, die er bräuchte, um unsere modernen Gesellschaften regieren zu können. Er zog sich aus vielen Unternehmen der Daseinsvorsorge zurück (vielleicht gibt
es da aber langsam wieder eine Wende), soll aber im Krisen-
falle (Energiekrise) diese Erfahrungen zur Hand haben, um
all das wieder in den Griff zu bekommen. Er schaltet vielleicht
nicht nur im Falle der Bankenkrise Anwaltsunternehmen ein,
die ihm ganze Gesetze (zur BaFin) machen (und ihm nicht nur
gutachtlich Optionen zur Verfügung stellen)?

Wenn es um die Wirksamkeit von Arbeitsmarktreformen, um
die Reorganisation von Sozialversicherungen usw. geht, kann
er sich deshalb auch nicht mehr auf das System universitären
Wissens stützten, sondern muss auf außeruniversitäre Wirt-
schaftsforschungsinstitute (die der Staat alimentiert) zurück-
greifen oder inzwischen auch auf private Beratungsunterneh-
men. Da es sich dann um Auftragsforschung handelt, ist dort
die Unabhängigkeit nicht gut gesichert.

Besonders deutlich kann man diese Entwicklung in der
»besseren Hälfte« unseres Staatswesens ausmachen, dem
Sozialstaat. Das dokumentieren acht Beiträge zur Univer-
sitätsentwicklung im Heft 1/2015 von »Deutsche Renten-
versicherung«.

Kurzum, der Staat beginnt sich selber »out-zu-sourcen« – erst in der Wissensproduktion und Bildung im Universitätssystem, dann in der »Erfahrungsbevorratung« (er kennt vielfach die Unternehmensart nicht mehr, die er reguliert) und in der Krise hier und da auch staatspraktisch (durchs outsourcen von Entwurfskompetenz). Weiter so?

Wird er zunächst einfach blind (im Universitätssystem, in der Ausbildung), dann doppelt blind (Verlust von Erfahrungswissen), dann, wenn auch zunächst selektiv, dreifach blind (Verlust des Steuerungszugriffs)? Hat der Staat noch ein organisationsfähiges Interesse an sich selbst? Oder wohnen wir einem Schlussverkauf auf Raten bei? Leise Zeichen der Umkehr sind zu erkennen – aber sehr leise, und wie nachhaltig?

Stephan Leibfried

Politik Macht Macht böse?

W er heute Jacob Burckhardts *Weltgeschichtliche Betrach-
tungen* liest, könnte meinen, einen Kommentar über
den Umgang der großen EU mit dem kleinen Griechenland
vor sich zu haben. Der »Cultus der Einheit und Größe«, den er
seinem Jahrhundert bescheinigte, dem neunzehnten, durch-
dringe alle Bereiche von Wirtschaft und Politik. Nur Größe
schaffe Macht, doch Macht an sich, entgegnete Burckhardt, ist
böse. Er würdigte durchaus das »Böse auf Erden als Theil der
großen weltgeschichtlichen Oeconomie«, Bürgersinn gedeihe
hingegen im Kleinen. Ihm müsse Freiraum einräumen, wer der
Bürgergesellschaft eine Chance geben möchte.

Wie hält es die EU mit den Kleinen? Haben sie sich dem
Willen zur Größe durch Einheit einzufügen? Was meint Einheit in der EU? Die Präambel des Vertrags über die EU von
2010 ist expansiv angelegt. Einheit im Recht und auch in der
Wirtschaft ist weit vorangeschritten und institutionell abgesichert, eine gemeinsame Außen- und Sicherheitspolitik wird
versprochen, kürzlich warben Politiker für eine gemeinsame
Armee. Die EU verspricht Europa neue Größe in der globalen
Arena, Europa als Weltmacht heißt die Vision. Wirtschafts-
macht reicht dazu nicht, wie die russische Politik auf der Krim
und in der Ukraine EU-Europa belehrt hat. Darauf war es
nicht vorbereitet. Ebenso wenig wie auf das störrische griechische Volk, das eine Partei, die gegen die Wirtschafts- und
Finanzpolitik der EU zur Wahl angetreten ist, mit der staatlichen Macht betraut hat. Demokratisch gegen die EU-Politik!
Was tun?

Die EU und ihre Mitgliedstaaten haben reagiert, wie Groß-
mächte immer reagiert haben. Die EU ist weltgeschichtlich
zwar ohne Vorbild, doch sie verhält sich historisch regelkon-
form. Imperien unter Konkurrenzdruck haben stets versucht,
ihren Machtbereich zu vereinheitlichen. Einheit schafft
Macht, Macht ist Voraussetzung für Größe, Macht und Größe
rechtfertigen Opfer. Diese Überzeugung scheint ungebrochen
zu sein. Die EU wählt allerdings die mildeste Form der inneren
Vereinheitlichung, die man aus der Geschichte von Imperien
kennt: die Zivilisierungsmission. Nicht Militär, sondern Geld
und Belehrung. Hat die Geschichte hat einen Fortschritts-
sprung gemacht? Macht Macht doch nicht böse? Oder nur ein
wenig? Eine strenge, aber helfende Hand, sagt der Gebende,
der Fügsamkeit als Gegengabe erwartet. Der eigensinnige
Empfänger aber wird unsere Frage vermutlich eindeutig
beantworten: Macht macht böse. Oder doch weiterhin als
Frage: Macht Macht böse? Im Schreibbild ein geringfügiger
Unterschied, im politischen Leben ein fundamentaler. Die
EU schien Jacob Burckhardts Philosophie der Macht zu wider-
legen. Doch nun hat sie die Antwort auf unsere Frage in eine
offene Zukunft verschoben.

Dieter Langewiesche

Praxis Warum nutzten die Maya das Rad nicht, obwohl sie es kannten?

E s gibt zahlreiche archäologische Funde, die zeigen, dass die Maya das Rad kannten. Es handelt sich um Spielzeuge, meistens Tiere, wie Hunde, Katzen oder Jaguare, die auf Achsen mit Rädern gestellt sind. Für den Transport jedoch setzten die Maya das Rad offenbar nicht ein. Baumaterialien für ihre monumentale Architektur, für landwirtschaftliche Produkte oder Handelswaren wurden auf den Schultern, auf Rollen, Tragbahren oder per Boot befördert. Für diese technische Abstinenz werden hauptsächlich zwei Gründe genannt: Das unwegsame Gelände einerseits und der Mangel an Zugtieren andererseits habe den Einsatz von Wagen unattraktiv gemacht. Diese Erklärungen überzeugen mich nicht: Auch wenn sie von Menschen gezogen werden, beschleunigen Wagen die Beförderung und sie erhöhen die mögliche Transportlast, die die einzelne Person bewältigen kann, wie die Existenz von Handkarren in vielen Teilen der Welt belegt. Und was das Gelände betrifft: Es gibt im Siedlungsgebiet der Maya-Stadtstaaten ausgedehnte Flachlandgegenden, die zudem zu Zeiten der Maya von gut ausgebauten Überlandstraßen durchzogen waren.

Wolfgang Krischke

Re- Worauf zielt die Veränderung der Welt?

U m Ideen in Sprache zu fassen, genügt oft eine geschickte Regie der Vorsilben, genügt ein Meta..., ein Neo... oder Post... Auch das lateinische Re besitzt diesen zauberischen Glanz. Alles Re will wieder und noch einmal, will zurück zum Status integer des Ursprungs. Wer Re sagt, will richtigmachen, will wiederherstellen.

Die Restitution ist ein alteuropäischer Traum, der einst von einer Frage entlastete, die er, eben weil er sie beantwortet zu haben schien, gar nicht erst aufkommen ließ. Es ist die Frage nach dem Wohin der ständig veränderten, der in die Unruhe entlassenen Welt. Die Bewegungsfigur des Re enthüllt das Geschehen in der Zeit als Kreislauf von Re-Naissancen und Re-Formationen, als Wiederannäherung an die ursprüngliche Integrität. Noch Hegel sah in den Ereignissen der französischen Revolution die ordnende Kraft des Re am Werk: die »Rückkehr« des freien Willens »in sich selbst«.

›Worauf zielt die Veränderung der Welt?‹ Im 18. Jahrhundert, dem Zeitalter der Aufklärung, hatten die Preisfragen der europäischen Akademien diese Offenheit. Solches Fragen lud zum Verweilen ein, das Verweilen zum Nachfassen und Insistieren. Heute, da die Schuldengeschichte der Staaten in ungeahnte Dimensionen vorstößt und wir, bestärkt durch die Parole des »Anthropozäns«, die Geschicke des Globus gezielt vorantreiben wollen, wird solches Auskunftsverlangen aufs neue brisant. Wie verhält sich das, was Menschen erstreben, zu dem, was tatsächlich geschieht und am Ende dabei herauskommt? Wie steht es um die Verlaufsformen der Veränderung, wie belastbar sind sie? Gewiss, der geschichtsmetaphysische Hintersinn jenes Re, das einst die Menschen mit den Folgen tätiger Unwissenheit versöhnte, überzeugt heute nur noch die wenigsten. Aber gerade dieser Ausfall hat etwas Befreiendes. Er rehabilitiert die in den alten Geschichten der Wiederherstellung offen gebliebene, von der Geschäftigkeit des Alltags bloß überspielte Frage.

Ralf Konersmann

Reichweite Ist die Globalisierung noch der Rede wert, wenn sie abgeschlossen ist?

Wer »Globalisierung« sagt oder schreibt, der bezieht sich auf Situationen und Prozesse unter der Prämisse ihrer »weltweiten« – und das heißt unvermeidlich auch: »menschheitsumspannenden« – Gültigkeit und Projektion. Kaum ein Wort gleitet einem politischen Journalisten oder einem Banker leichter aus den Fingern. Dabei ist »Globalisierung« ein vergleichsweise junger Begriff. Erst als das zwanzigste Jahrhundert als Zeitalter der Ideologien sein Ende gefunden hatte, erst 1989, nach dem Ende des »Kalten Kriegs« mit seiner binären Aufteilung der Welt in ein kommunistisches und ein kapitalistisches »Lager«, der eine Dreifach-Aufteilung in Faschismus, Kommunismus und Kapitalismus vorausgegangen war, konnte sich innerhalb erstaunlich kurzer Zeit ein Blick etablieren, in dem Homogenität und Gemeinsamkeit als Voraussetzungen die bis dahin dominierenden Spaltungen ablösten.

Alles wäre möglicherweise bis heute denkbar einfach geblieben, wenn die Emergenz des Begriffes »Globalisierung« nicht chronologisch zusammengefallen wäre mit der Phase eines angespannten Identitäts-Ethos unter den Intellektuellen der neunziger Jahre. Das war eine Zeit, als Künstler, Schriftsteller und Professoren vor allem in Europa und in Nordamerika entdecken und betonen wollten, dass sie weder Asiaten, noch Afrikaner oder Latinos waren, als Heterosexuelle selbstkritisch bekannten, dass sie keine schwulen oder lesbischen Neigungen hatten, und als Leute aus dem höheren Mittelstand zugaben, dass sie nicht zum niederen Mittelstand gehörten. Von Beginn war jenen Identitäts-Moralisten das Wort »Globalisierung« ein Dorn im Auge, ein Emblem für das Fortleben von angeblich zu lange unerkannten Strukturen sozialer Unterdrückung. Angesichts eines so grenzenlos großzügigen und sich für »aufgeklärt« haltenden Differenzierungs-Engagements geriet allerdings in Vergessenheit, dass seine eigene Haupt-Prämisse durchaus totalisierend und undifferenziert war. Durfte man wirklich voraussetzen, dass das Interesse an Identitäts-Pflege und Identitäts-Differenzierung ein globales Anliegen war?

Genau in diesem Paradox ist der Globalisierungs-Begriff bis heute steckengeblieben. Wer ihn gebraucht, muss mit der vigilanten Kritik intellektueller Differenzierungs-Fanatiker rechnen, kann ihnen aber dann mit dem Verweis auf die Undifferenziertheit ihrer Differenziertheits-Forderung begegnen. Dabei hat sich, empirisch und pragmatisch gesehen, die Lage längst entspannt. Wer im zweiten Jahrzehnt des einundzwanzigsten Jahrhunderts »global« sagt, der bezieht sich – bewusst oder unbewusst – auf Reichweite und Praxis-Formen der elektronischen Kommunikation. Er meint jene Menschheits-Mehrheit, deren Leben, Gespräche und Wissen mit wechselnden Graden von Komplexität und Intensität durch Computer beeinflusst wird. Die Peripherie aus jenen Gesellschaften und Kulturen, welche sich entweder auf Distanz gegenüber elektronischer Kommunikation halten wollen oder einfach noch auf Distanz geblieben sind – Nordkorea, Kuba und China, Burma, Madagaskar und Amazonien – wird schmaler, ohne unter unvermeidlichem Globalisierungsdruck zu stehen. Offen bleibt, ob die »Globalisierung« noch der Rede wert sein wird, wenn sie als Prozess an ihr Ende gelangt.

Hans Ulrich Gumbrecht

Seelenkrankheit Gibt es
die Depression – und wenn ja
wie viele?

Als die AIDS-Krankheit 1981 entdeckt wurde, sah sich die Menschheit mit einer apokalyptisch anmutenden Geißel konfrontiert, und dennoch gab es bereits 25 Jahre später wirksame Heilmittel. Diese erfolgreichen Medikamente haben auch gleich noch dafür gesorgt, dass die anfängliche Panik einer fast schon gefährlichen Gelassenheit im Umgang mit AIDS gewichen ist. Wenn man von Krebs ganz allgemein spricht, und damit alle unterschiedlichen Krebsarten zusammenfasst, dann müsste man nach 50 Jahren intensiver Forschung ebenfalls von einer durchschlagenden Besserung der Überlebenschancen sprechen, jedenfalls was den Durchschnitt aller Krebsarten betrifft. Aber das macht wenig Sinn, denn die mindestens 20 Krebsarten haben weitgehend unterschiedliche Ursachen und Überlebensraten und so bleibt es bei der Unterscheidung in gut behandelbare und weiterhin tödliche Malignome.

Die Depression wurde vor ungefähr 100 Jahren unter diesem Namen bekannt. Allerdings kommt man mit dem Zurückdrängen oder der Heilung dieser Krankheit nur mühsam voran. Im Gegenteil, die Depression hat sich von einem anfänglich eher bedeutungslosen Rang mit wenig Beachtung, ganz weit nach vorne in die Ursachenstatistik für Krankheit und Invalidität bewegt. Sie belegt den dritten Platz der globalen Krankheitsstatistik.

Man muss nicht in die Ferne schauen, man kann es häufig
schon bei betroffenen Menschen in der eigenen Umgebung
sehen, wie lähmend Depressionen wirken und wie viel Leid
sie bringen und Existenzen zerstören. Nur ist die Forschung
für Depressionstherapien heute noch lange nicht so weit wie
die AIDS- oder Krebsforschung. Es gibt gute Gründe anzu-
nehmen, dass die Suche nach der einen (alles entscheidenden)
oder den zwei oder drei wichtigsten Depressionsursachen
weiter in die Irre gehen wird, da es diese praktische Reduzie-
rung auf ein, zwei oder drei Hauptgründe der einen Krankheit
so wohl nicht gibt.

Es gibt ein weiteres, ein epistemologisches Problem mit
der Depression: Sie ist in der vermeintlich bekannten Form
nicht überall auf der Welt zu finden. In ländlichen Gegenden
Asiens spricht man von »schmerzenden Herzen« und dieser
Schmerz ist keine Metapher sondern wird von den Betroffenen genau so gefühlt und beschrieben. Mit der abendländisch
tradierten geistigen Melancholie weiß man dort wenig
anzufangen. Eine methodisch exzellente Studie brachte
ans Licht, dass nicht etwa Chinesen übermäßig sensibel auf
depressive Körpersignale reagieren, sondern vielmehr wir
Weiße unseren »depressiven Körper« ignorieren und dafür
hochsensibel und ausschließlich fokussiert auf psychische
Beschwerden sind.

Den Schritt zur Multiplizität der Depressionen und damit zu
einer ausdifferenzierten Betrachtung scheint kaum jemand
gehen zu wollen. Neue Arten – teilweise mit alten oder noch
nicht wirklich passenden Namen – wären Melancholie, Win-
terdepression, stressbedingte Depression, Körperdepression,
rekurrente Kurzdepression, Früh- oder Spätdepression etc.
Es scheint viele Gründe zu geben, warum an der Einheit der
Depression festgehalten wird: intellektuelle bis monetäre
Zwänge und Opportunitäten. Wenn das Beharren auf dieser
Einheit noch lange so weiter geht, wird der hoffnungsvolle

Silberstreif am Horizont, den die Betroffenen sehnlichst herbeiwünschen, sich in endloser und unerreichbarer Weite dem Betrachter entziehen.

Andreas Maercker

Sinn Warum verzichten wir auf das Paradies?

Religionen verschaffen den Gläubigen den Vorteil, über Diesseits und Jenseits mehr zu wissen, als Erfahrung und Verstand hergeben. Solange Kult oder Theologie die Existenz Gottes gewährleisten und auf eine Begegnung mit ihm nach dem Tode hoffen lassen, ist die Frage nach dem Sinn des Lebens beantwortet, ehe sie gestellt wird. Es ist eine der größten Überraschungen in der Geschichte der Menschheit, dass sich zuerst einzelne Freigeister der frühen Neuzeit, dann aber auch die Massen jener Gewissheit entschlagen und auf Aussagen über den Zweck des Kosmos und den Sinn des Lebens verzichten. Nicht nur die Heroen der Aufklärung, auch ihre schlichteren Nachfolger – dazu zählt inzwischen die Hälfte der deutschen Bevölkerung – kommen gut ohne Gott, Himmel, Unsterblichkeit, sogar ohne esoterischen Ersatz aus. Wie ist diese außerordentliche Leistung der großen Zahl, die sich einer intellektuellen Revolution angeschlossen hat, zu erklären? Haben sie entdeckt, dass Geborgenheit durch einen verbrieften Sinn mit der Einschränkung der persönlichen Freiheit erkauft werden muss? Ist das moderne Leben so glücklich und abwechslungsreich geworden, dass die Aussicht auf paradiesische Langeweile erschreckt? Fällt das Eingeständnis, »keine Ahnung« von einer anderen Welt zu haben, so leicht, weil es den Stolz bekundet, am Fortschritt menschlicher Erkenntnis teilzuhaben?

Heinz Schlaffer

Skepsis Wie lassen sich Moral und Recht begründen?

Die Frage nach einer »Begründung« von Moral und Recht gehört seit 2500 Jahren zu den großen Themen der Ethik und der Rechtsphilosophie. »Recht« ist die Summe aller Verhaltensnormen, deren Einhaltung der Staat mit Zwang durchsetzt. Dies unterscheidet das Recht von Normen der Moral, bei denen der staatliche Zwang fehlt. Unter welchen Voraussetzungen können Moral und Recht nun als »begründet« gelten?

Die angebotenen Theorien reichen (in einer ungefähren historischen Abfolge) vom Willen eines göttlichen Wesens (die Norm gilt, weil ein Gott es so will!) über die Ideenlehre Platons (daher der Ausdruck »Wertplatonismus«), das mittelalterliche und frühneuzeitliche Natur- und Vernunftrecht bis hin zu Kriterien der Verallgemeinerbarkeit (so etwa Kants berühmter »Kategorischer Imperativ«) oder die Empfehlung, die faktischen Folgen einer Norm für das Wohlergehen der von ihr Betroffenen zu berücksichtigen (so vor allem der Utilitarismus). In der Gegenwart wurde in der »Diskursethik« versucht, aus einer Analyse der Sprache Hinweise darauf herzuleiten, was das moralisch und rechtliche »Gute« ist.

Alle diese Versuche hatten und haben mit erheblichen Schwierigkeiten zu kämpfen. Kaum war eine Letztbegründungstheorie formuliert, so traten Kritiker auf den Plan, die der Theorie Mängel nachwiesen. Bis heute kann keine von ihnen auf allgemeine Zustimmung hoffen.

Das Scheitern aller bisherigen Letztbegründungsversuche legt es nahe, auf die Idee einer »letzten Begründung« auch in Moral und Recht zu verzichten. Stattdessen sei die Methode von »Konstruktion und Kritik« empfohlen, die in den empirischen Wissenschaften schon weitgehend akzeptiert wird: Theorien sind danach nur vorläufig geltende Problemlösungsvorschläge (»Konstruktionen«), die sich in der Realität bewähren, aber auch scheitern können und dann durch bessere Theorien ersetzt werden.

Überträgt man diesen Gedanken auf Moral und Recht, so folgt daraus, dass auch normative Konstrukte bloße Problemlösungsvorschläge sind, die sich an unseren praktischen Bedürfnissen und Interessen messen lassen müssen und sich mit ihnen verändern können. Eine »Letztbegründung« von Moral und Recht gibt es daher nicht. Der »Grund«, auf dem Moral und Recht aufruhen, besteht aus unserer biologischen Verfasstheit, unserer Kultur und unseren wechselnden politischen Wünschen. Dies erklärt den Wandel, aber auch die enormen Beharrungskräfte unseres selbstgeschaffenen normativen Kosmos.

Eric Hilgendorf

Sprachmüll Warum wird in der heutigen Gesellschaft so viel Bullshit produziert?

Die Frage zielt nicht ab auf irgendwelchen Blödsinn, Nonsens oder Unfug, von dem es sicherlich auch mehr als genug gibt, sondern auf den terminologischen Gebrauch des Begriffs, wie ihn der amerikanische Philosoph Harry G. Frankfurt in seinem lesenswerten Bändchen mit dem Titel *On Bullshit* (2005, dt. 2006, 2014) erläutert hat: Das Kennzeichen für »das Wesen des Bullshits«, so Frankfurt, bestehe in der »fehlenden Verbindung zur Wahrheit« bzw. der »Gleichgültigkeit gegenüber der Frage, wie die Dinge wirklich sind« (ebd., S. 27). Warum ist es so vielen »Bullshittern« in der Politik, in den Medien und in Bahn, Bus und Zug offenbar gleichgültig, ob ihre Aussagen und Behauptungen den tatsächlichen Gegebenheiten entsprechen und die Realität angemessen beschreiben, so lange sie ihre jeweiligen Ziele erreichen? Dient Bullshit primär der Fabrikation der Stupidität, wie man nach der Lektüre von Markus Metz' und Georg Seeßlens Rundumschlag gegen *Blödmaschinen* (2010) meinen könnte? Oder erfüllt Bullshit weitere persönliche Bedürfnisse oder gesellschaftliche Funktionen, und wenn ja, welche? Warum spielen selbst in der Universität à la Bolognese das Bullshit-Bingo und die Prägung neuer ›Sprechschablonen‹ oft eine größere Rolle als die Suche nach Wahrheit, obgleich die Leitdifferenz der Wissenschaft wahr vs. unwahr ist? Warum überlässt die Linguistik das wichtige Feld der Sprachkritik weitgehend journalistischen Edelfedern wie Axel Hacke, Harald Martenstein oder Wiglaf

Droste? Letzterer hat in seinen brillanten Sprachglossen viele der ›angedachten‹ und ›zeitnahen‹, aber nie ›zielführenden‹ Modewörter und Nullvokabeln des ›Brainstorming‹ und ›Multitasking‹ als das entlarvt, was sie sind: leere Sprechmodule, Sprachmüll bzw. wahrheitsindifferenter Bullshit! Warum bewundern so viele des Kaisers neue sprachliche Kleider und warum traut sich nur im Märchen ein kleines Kind zu sagen: »Aber er hat ja gar nichts an!«?

Ansgar & Vera Nünning

Sprungtemperatur Gibt es einen Supraleiter bei Zimmerwärme?

S eit der Entdeckung durch Kamerlingh Onnes im Jahr 1911 gibt die Supraleitung eines der größten Rätsel der Quantenphysik auf. Ein Supraleiter ist definiert als ein Zustand von Materie, der elektrische Ladung ohne Widerstand leitet und gleichzeitig jegliches Magnetfeld aus seinem Inneren verdrängt. Es gibt keine klassische Beschreibung für dieses Phänomen, dessen Reichweite und fundamentale Bedeutung für die gesamte Physik erst durch die Entwicklung der Quantenmechanik greifbar wurde.

Kürzlich sollten im Vorfeld der Podiumsdiskussion einer physikalischen Fachkonferenz Fragen zur Supraleitung als Diskussionsgegenstand vorgeschlagen werden. Mit überwältigender Mehrheit kristallisierten sich zwei Problemstellungen heraus, deren beider Fokus T_c war. Dies bezeichnet im Fachjargon die kritische Temperatur, unterhalb derer ein Material, ähnlich dem Übergang reiner Stoffe von einem Aggregatszustand zum anderen, supraleitend ist. Sie lauteten erstens: Warum ist T_c so niedrig? Und zweitens: Warum ist T_c so hoch?

Diese Kuriosität illustriert, in welchem aktuellen Umfeld die Forschungsfrage gestellt wird, ob ein Supraleiter bei Zimmertemperatur existiert. Ein solcher perfekter elektrischer Leiter mit offensichtlichen revolutionären Konsequenzen für die Energiewirtschaft und Technologiegesellschaft war jahrzehntelang eine Utopie, als alle beobachteten Supraleiter noch unter –250 °C rangierten. Dies änderte sich im Jahr 1986 mit der vollkommen unerwarteten Beobachtung von Supraleitung in Kupferoxidschichten durch Bednorz und Müller, deren Rekord-T_c durch die optimierende Materialforschung der Folgejahre auf bis zu –140 °C erhöht werden konnte.

Der ultimative Durchbruch, d.h. ein technologisch nutzbarer Supraleiter mit T_c von der Größenordnung der Zimmertemperatur, ist bisher trotz großer Bemühungen ausgeblieben und stellt eine der bedeutendsten Herausforderungen der heutigen Festkörperphysik dar. Ein Ansatz zur Beantwortung dieser Frage liegt darin, die mikroskopischen Mechanismen des Zustandekommens von Supraleitung bei höheren Temperaturen besser zu verstehen. In kaum einem anderen Gebiet der Physik gibt es eine so große Diskrepanz zwischen detaillierter phänomenologischer Beschreibung einerseits und lediglich rudimentärer konzeptioneller Erkenntnis andererseits. Wir wissen, wie sich ein Supraleiter verhält, aber wir haben sein Wesen noch nicht entschlüsselt.

Ronny Thomale

Tagesschau Wo ist die Zeitgeschichte?

W o finde ich sie, die Zeitgeschichte, dieses flüchtige
Wesen, das scheinbar so allgegenwärtig ist? Finde
ich sie im Archiv, wo sie mir nach dreißig Jahren sorgfältiger
Verwahrung etwas angestaubt entgegentritt? Finde ich sie in
alten Zeitungen, Büchern und Briefen? Oder finde ich sie in
den Erzählungen des Zeitzeugen? Was ist die Zeitgeschichte –
eine Epoche oder bloß die Vergangenheit, die wir selbst erlebt
haben?

Zeitgeschichte fordert uns heraus als ein Problemzusammen-
hang. Sie beginnt dort, wo sich Dinge zugetragen haben, die
unser Selbstverständnis, unsere Fragen an die Gegenwart und
unsere Vorstellungen von der Zukunft bestimmen. Und sie
endet stets aufs Neue mit dem heutigen Tag.

Zeitgeschichte ist an das Bewusstsein der Gegenwart gebunden. Was wir erfahren, führt uns immer wieder zu der Frage,
wo die Gründe für das Geschehene liegen und welche Zusammenhänge sich erkennen lassen. Daraus erwachsen Fragen an
die Geschichte, und diese erschließt sich uns zunächst aus der
selbst erlebten Vergangenheit. Aber wir stehen in der Abfolge
der Generationen. Wenn wir zu den glücklichen Menschen
gehören, die mit Eltern und Großeltern im Gespräch und beim
Geschichtenerzählen verbunden gewesen sind, haben wir eine
Vorstellung von Dauer und Verwandlung in der historischen
Zeit, die weit über unsere eigene Erinnerung in die Vergangenheit reicht. Solange die kleinen und großen Geschichten
der Vorfahren von ihrem Leben, von Sorgen und Hoffnungen,

vom Lachen und Leiden, in uns lebendig sind, beeinflusst dieses Wissen die tagtägliche Wahrnehmung der Ereignisse in Gesellschaft, Politik und Wirtschaft und verbindet sich mit den äußeren Eindrücken aus unserem Umfeld – lokal, regional, national, global.

Zeitgeschichte hat nichts Statisches an sich. Aus dem fluktuierenden Geschehen der Gegenwart ergeben sich Perspektiven auf die Vergangenheit, die wir mit einer klaren Kontur zu erkennen meinen. Wir beobachten und beschreiben sie. Wenn es uns dann gelingt, sie zu verstehen, verstehen wir auch ein Stück von uns selbst.

Doch bleibt die Frage: Ist dies die Zeitgeschichte, wie sie in der Kultur und in der Wissenschaft verstanden werden will? Indem wir versuchen, sie in das Korsett einer Definition zu zwängen, rekonstruieren wir vergangenes Geschehen in klar festgelegten Zeiträumen und stellen es museal zur Schau. Um die Zeitgeschichte aber zu erkennen, muss ich mich als einen Teil von ihr, als Bestandteil der gegenwartsnahen Vergangenheit verstehen lernen. Wir leben im Schatten der Jahrzehnte, die vor uns lagen, und unser Verständnis der Welt wird vom Wissen um das Vergangene bestimmt. Zeitgeschichte ist deshalb immer eine offene Frage zum Nachdenken über sich selbst: Wer bin ich, wo komme ich her, wo gehe ich hin?

Anselm Doering-Manteuffel

Tiermalerei Können Menschen-affen Kunst?

M oderne Künstler und Primatologen haben gleicherma-ßen Vorbehalte, sich diese Frage zu stellen – allerdings aus unterschiedlichen Gründen. Etwa 150 Jahre nach der Entdeckung von Menschenaffen – Schimpansen und Orang-Utans – in Äquatorialafrika bzw. Fernasien durch europäische Abenteurer oder Eroberer – also mitten in der Epoche der Auf-klärung – weckt Rousseau diese Frage bei dem Sprachphiloso-phen Monboddo und später beim Schriftsteller Peacock: Can Sir Orang draw? Ende des 19. Jahrhunderts gibt es Hinweise auf Kritzeleien von Schimpansen in Zoos. Anfang des 20. Jahr-hunderts macht die Russin Nadja Kohts erste systematische Vergleiche zwischen Kindern und Schimpansen. Aber der Begründer der deutsche experimentellen Primatologie, Wolf-gang Köhler, beobachtete nur am Rande Schmierereien seiner Schimpansen mit Kreide. Die klassische Philosophische Anth-ropologie, z.B. Gehlen oder Rothacker, wehrte ein derartiges kreatives Potential bei Menschenaffen ab. Erst eine Londoner Ausstellung 1957 mit Werken des Schimpansen »Congo« im Institute of Contemporary Arts und der vertrackte Vergleich mit moderner abstrakter Kunst sowie mit früher menschlicher Kunst durch Desmond Morris brachte »Apestract« große me-diale Aufmerksamkeit. Evolutionsbiologen wie Gavin de Beer oder Bernhard Rensch waren beeindruckt.

Nach anfänglich empörter Ablehnung dieser Affenkunst durch Kenner und Kunsthistoriker analysiert erst 1997 eine Studie von Thierry Lenain das Phänomen »Monkey Painting«

intensiver. Moderne Künstler verlangen meist ein »Konzept«, obgleich einer der Ihren, Arnulf Rainer, sich nicht scheute, mit »Primaten« parallel zu machen. Doch heutige Primatologen fürchten nichts mehr als einen naiven Anthropomorphismus. Äußerste Skepsis besteht, wenn wieder einmal ein Menschenaffe wie der Orang Utan »Barito« aus dem Zoo Krefeld »Apestract« produziert. Bereits die Frage, ob sie wissen, was sie tun, scheint nicht seriös und steht unter hohem Ideologieverdacht. Eine klare Antwort brächten systematische experimentelle Tests bzw. ein seröses interdisziplinäres Forschungsprogramm. Aber Künstler wie Primatologen werden offenbar durch ein Ego oder Ethos davon abgehalten. Warten wir also auf neue Antworten und offene Fragen zum Phänomen »Apestract«, wodurch ein neues Kapitel in der westlichen Kulturgeschichte der Kultivierung von Menschenaffen aufgeschlagen würde.

Hans Werner Ingensiep

Trinität (I) Warum zählen wir so gerne bis drei?

B eispiele gibt es in Hülle und Fülle, von der Verfassungsleh-re (Monarchie, Oligarchie, Demokratie) und der Gewalten-teilung (Legislative, Judikative, Exekutive), der Dreifaltigkeit der Religion (Vater, Sohn und Hl. Geist; die hl. drei Könige), der ständischen Ordnung des Mittelalters (sacerdotium, impe-rium, universitas), den Elementen eines Satzes (Subjekt, Ob-jekt, Prädikat), dem dreifach Unbedingten der Vernunft (kate-gorisches Subjekt, hypothetische Reihe, disjunktives System, so Kant), dem Dreischritt der Dialektik (These, Antithese, Synthese) und den Mechanismen der Evolution (Variation, Selektion, Retention) über die Elemente jeder Semiose (Erst-heit, Zweitheit, Drittheit, bei Peirce; signifiant, signifié, signe, bei de Saussure; Syntax, Semantik, Pragmatik, bei Morris) und die Ebenen der Psyche (Ich, Es, Über-Ich, bei Freud; Real, Ima-ginär, Symbolisch, bei Lacan) bis zu den Formen der Bildung sozialer Systeme (Interaktion, Organisation, Gesellschaft, bei Luhmann), den Dimensionen des Sinns (sachlich, zeitlich, so-zial, wieder bei Luhmann), den Selektionen jeder Kommunika-tion (Ausdruck, Darstellung, Appell, bei Bühler; Information, Mitteilung, Verstehen, bei Luhmann) und den Tripeln eines semantischen Netzes (Subjekt, Objekt, Verb). Die Liste könnte fortgesetzt werden.

Warum drei? Wenn die Zwei jede Eins aus ihrer Einsamkeit erlöst, fügt dann die Drei, Georg Simmels tertius gaudens ebenso wie René Girards bouc émissaire, dem instabilen Paar das Moment einer ausgelagert referierbaren, eingeschlossen

ausgeschlossenen Einheit hinzu? Und verbirgt sich dahinter,
wie Reinhard Brandt vermutet hat, ein Viertes, als Anlass,
Rahmen und Unruhe jeder Ordnung? Eben, um bei den oben
gewählten Beispielen zu bleiben, die Verfassung, die Gewalt,
die Religion, die ständische Ordnung, der Satz, die Vernunft,
die Dialektik, die Evolution, die Semiose, die Psyche, das Soziale, der Sinn, die Kommunikation, das Netz? Was hat es mit
diesen Vierten auf sich, deren Rechnung jeweils aufgeht, wenn
wir bis drei zählen? Bereits dem flüchtigen Blick fällt auf, dass
sie sich der Unterscheidung entziehen. Sie werden intern unterschieden, in eine sich vollständig gebende Dreiheit, lassen
sich jedoch nur unsystematisch, durch bloßen Wechsel des
Interesses, extern unterscheiden. Sie sind Kontexturen, mit
Gotthard Günther, Einmalerfindungen, die wie Blöcke her-
umstehen und unsere Welt nicht kategorisieren (dann gäbe
es eine neue Einheit des Differenten), sondern markieren: als
vielfältig existent, als komplex, als unabzählbar.

Dirk Baecker

Trinität (II) Wie entwickeln sich mehreiige Drillinge?

W erden drei Eizellen von verschiedenen Spermien befruchtet, entwickeln sich mehreiige Drillinge, die genetisch nicht mehr miteinander gemeinsam haben als »normale« Geschwister. Ist es möglich, dass eineiige Drillinge aus der Verschmelzung von nur einer Eizelle und einem Spermium entstehen?

Dieser Frage liegt die Vorstellung einer befruchteten Eizelle (Zygote) zugrunde, deren Zellen sich in zwei, vier, dann acht Zellen usw. teilen, die sich voneinander abtrennen und eigenständig entwickeln: Es könnten also nur Zwillinge, Vierlinge etc. entstehen – vorausgesetzt, dass nicht einzelne Zellen während dieses Prozesses absterben (was auch häufig geschieht).

Möglicherweise entwickelt sich die Schwangerschaft von genuin eineiigen Drillingen anders. Die Konzeption, das Verschmelzen von Ei und Samenzelle, findet im Eileiter statt. Bereits einen Tag danach beginnt die Zygote, sich auf dem Weg zur Gebärmutter zu teilen, die sie mit dem 32-Zellstadium erreicht. Unter Flüssigkeitsaufnahme und weiteren Zellteilungen entwickelt sich daraus die Blastozyste, die sich etwa 7 Tage nach Eisprung und Befruchtung in die hormonell vorbereitete Gebärmutterschleimhaut »eingräbt«. Aus der äußeren Zellschicht der Blastozyste entsteht die Plazenta, während sich der Fötus aus einem »Zellhaufen« im Inneren der Blastozyste entwickelt. Die Tochterzellen der Zygote sind bis zum 8-Zellstadium omnipotent, das heißt, dass sich vollwertige, genetisch identische Individuen entwickeln können, wobei sich die Teilungen und Separierungen nicht im Gleichtakt vollziehen. Im Zweizellstadium könnte sich also nur eine Zelle weiter unterteilen, so dass sich drei separate Zellen weiterentwickeln.

Eine Drillingsschwangerschaft ist ein sehr seltenes Ereignis; man rechnet mit einem Verhältnis von 1:7500 Einlingsschwangerschaften, während die theoretische Möglichkeit einer eineiigen Drillingsschwangerschaft nur bei 1:200 Millionen liegt. Etwas »eher« kommt es zu einer eineiigen Vierlingsschwangerschaft, nämlich mit einer Wahrscheinlichkeit von 1:13 Millionen. Seit der Einführung moderner Reproduktionsmethoden ist mit einer zunehmenden Rate von Drillingsschwangerschaften, auch eineiigen, zu rechnen.

Christiane Freudenstein–Arnold

Überzeugungsarbeit Was ist überhaupt ein Argument?

Jürgen Habermas spricht berühmterweise von einem zwang-
losen Zwang des besseren Arguments. Das gnomische
Orakel, das schon verbal die Form einer Katachrese, eines
offenbaren Widerspruchs, annimmt, reiht sich ein in eine
ehrwürdige Tradition. Zu dieser gehört auch der Gemeinplatz,
dass Reden, zumindest während der Zeit des Streitgesprächs,
weniger gefährlich für Leib und Leben ist als der kriegerische
Kampf, auch wenn, andererseits, die schrecklichsten Kriege
als die Fortsetzung offensichtlich unzureichender politischer
Argumente mit anderen Mitteln zu begreifen sind. Daraus
ergibt sich die Brisanz der Frage, was denn ein schlechtes, was
ein gutes, ein schlüssiges oder nicht hinreichendes, überhaupt
was ein schlechteres oder besseres Argument sein könnte,
und wie uns angeblich oder wirklich bessere Argumente auf
zwanglose Weise zu etwas zwingen können, also nicht etwa in
der Form eines Angebots einer Mafia, das wir nicht ablehnen
können. Hinzu kommt die verstörende Beobachtung gerade
auch von französischen Intellektuellen wie Michel Foucault,
dass die Einforderung vernünftigen Denkens immer auch so
klingt, als sollten Leute, die unsere Argumente nicht anerkennen, als unfähig, unwillig oder böswillig ausgezeichnet und
also ausgesondert werden. Man hat entsprechend so genannte
›Idioten‹, die, wie das griechische Wort »idiotes« besagt, als Pri-
vatleute ihrer eigenen Vernunft folgen, immer schon bekannt
gemacht, stigmatisiert und am Ende sogar interniert, bevor
sie im berüchtigten Euthanasieprogramm als überflüssige
Esser in eine andere Welt geschickt wurden. Das führt zur

noch schwierigeren Frage, wann und wo wir darauf verzichten müssen, mit unseren besseren Argumenten Recht zu behalten. Dennoch scheint es so, als müssten wir uns wenigstens an die formalen Schlussregeln der Logik halten, da wir bei sich widersprechenden Urteilen nicht weiter wissen. Man kann ja nicht gleichzeitig etwas tun und nicht tun. Es kann nicht gleichzeitig etwas gelten und nicht gelten. Andererseits sind auch die Sätze und Regeln jeder formalen Logik und Mathematik nur formale Wegweiser, die wir frei befolgen – und dies nur so weit müssen, wie wir hoffen können, damit ein gewisses Ziel besser als anders zu erreichen. Solange man z. B. einen ›Beweis‹ wie den von Georg Cantor, nach welchem es ›überabzählbar‹ viele konvergente Folgen rationaler Zahlen gibt, noch nicht als freies Argument dafür begreift, die Sprechpraxis der höheren Arithmetik, der Naiven Mengenlehre, so und nicht anders einzurichten, kann, wie schon Ludwig Wittgenstein bemerkt, grundsätzlich nicht als klar gelten, was ein zwingendes Argument überhaupt ist.

Pirmin Stekeler-Weithofer

Umsturz
Ist eine Revolution
denkbar?

Es ist eine Frage, ob eine Revolution nötig ist; viele,
immer mehr, werden diese Frage bejahen. Eine andere
Frage ist, ob sie überhaupt denkbar und also möglich ist.
Wenn diese Frage aufkommt, wird zumeist ein Satz von Niklas
Luhmann aus dem Jahr 1969 als Bonmot zitiert: »Alles könnte
anders sein – und fast nichts kann ich ändern«. Dieser Satz ist
hilfreich; aber nicht, weil er die Frage beantwortet, sondern
weil er sie besser zu verstehen hilft. Das tut Luhmanns Satz
gerade, indem er in seinen beiden Teilen die Frage *nicht* beantwortet.

Dass alles anders sein könnte, sagt, dass es nicht unmöglich
ist, dass die Verhältnisse ganz anders wären. Dass ich fast
nichts ändern kann, sagt, dass es mir nicht möglich ist, die
Verhältnisse zu ganz anderen zu machen. Das Erste sagt
etwas über die Nichtnotwendigkeit des Weltzustands, das
Zweite über die Handlungsmöglichkeiten des Individuums.
Keins von beidem für sich entscheidet über die Denkbarkeit
der Revolution: aus dem Anders-sein-können der Welt folgt
nicht die Denkbarkeit der Revolution, und das Nichts-än-
dern-können des Individuums schließt sie nicht aus. Luhmanns Doppelsatz beantwortet die Frage also nicht, sondern
öffnet sie: durch den Gedankenstrich, der die beiden Fest-
stellungen trennt. In diesem Zwischenraum – zwischen der
Wahrheit über die Welt und der Wahrheit über das Individuum – liegt die Denkbarkeit der Revolution. Sie ist denkbar,

wenn es etwas dazwischen gibt; etwas, das weder durch das eine noch das andere determiniert wird, das also über beides, die Welt und das Individuum, auf einmal hinaus geht.
Gibt es das?

Christoph Menke

Wahrheitsfindung Was ist
ein Beweis?

B*eweisen* beschreibt eine soziale Interaktion: eine Person
(oder Gruppe von Personen) A behauptet eine Tatsache,
die eine Person (oder Gruppe von Personen) B bezweifelt.
B ist an der Richtigkeit oder Unrichtigkeit der Tatsache interessiert, A ist daran interessiert, B von der behaupteten Tatsache
zu überzeugen. Dazu beweist A die Tatsache mittels eines
geeigneten *Beweisverfahrens*, das von der Natur der Tatsache
abhängt und sozial akzeptiert wird, also insbesondere von
A und B. Dazu gehört die Berücksichtigung der Möglichkeit
des Betruges.

Der *praktische Beweis* ist möglich für eine aktuelle Tatsache,
z. B. eine physische Leistung eines Menschen oder der Nach-
weis, dass eine technische Konstruktion funktioniert. Falls
eine zukünftige, technisch zu realisierende Tatsache, also die
Realisierung eines Projektes, behauptet wird, z. B. der Bau
eines Flughafens, so wird der Beweis erst durch die funktions-
gerechte Fertigstellung erbracht – B muss aber vorher überzeugt werden. Diese grundsätzliche Schwierigkeit muss bei
allen Voraussagen berücksichtigt werden: sie sind nicht be-
weisbar, sondern können bestenfalls wahrscheinlich gemacht
werden.

Der *theoretische Beweis* leitet wahre Aussagen nach den Regeln
der Aussagenlogik aus den *Axiomen* ab, die a priori als wahr
gelten. Dies ist das Verfahren der Mathematik und der mathematischen Naturwissenschaften. Deren Axiome sind die
Naturgesetze, also Erfahrungstatsachen, die immer wieder

neu überprüft werden (wie z. B. das Gravitationsgesetz), die Logik bildet das Kausalitätsgesetz als Grunderfahrung ab. Der Beweis der Naturgesetze erfolgt durch das (jederzeit wiederholbare) Experiment. Für die meisten relevanten Tatsachen werden Beweisverfahren mit praktischen und theoretischen Elementen angewendet, insbesondere in der *Rechtsprechung*. Ihre Axiome sind die Gesetze, die auf jeden einzelnen Fall nach weiteren Verfahrensregeln angewendet werden müssen. Das Urteil stellt die Tatsache fest, ohne die Beweissicherheit einer mathematischen Aussage erzielen zu können. Mathematische Verfahren werden zunehmend in der Ablaufplanung und zur Optimierung technischer Projekte eingesetzt, was die Wahrscheinlichkeit einer gelungenen Realisierung erhöhen kann, z. B. beim elfjährigen Flug der Kometensonde Rosetta.

Alle Beweise hinterlassen einen unauflösbaren Rest an Unsicherheit. Beweisverfahren dienen deshalb vor allem dem sozialen Ausgleich und weniger der Wahrheitsfindung.

Jochen Brüning

Weltkugel Kann man die Globalisierung zurückdrehen?

Die Modernisierung, wird Max Weber als Erkenntnis in
dem Mund gelegt, sei kein Fiaker, aus dem man nach
Belieben aussteigen könne. Dasselbe scheint für die Globalisierung zu gelten: wachsende weltweite Interdependenzen
in wirtschaftlicher, kultureller und politischer Hinsicht. Der
Container-Verkehr, das World Wide Web und die Migrati-
onsströme lassen regionale und nationale Selbstreferenzen
obsolet werden, und das von R. Robertson in Umlauf gebrach-
te Kunstwort »Glokalisierung« bringt auf den Begriff, wie
periphere Entwicklungen globale Auswirkungen haben und
globale Entwicklungen im letzten Dorf ankommen.

Die Haben-Seite dieser Öffnung sind unverkennbar: Freier
Handel hat die Antagonismen zwischen sozialen Gruppen und
nationalen Staaten beruhigt, politische Kooperation schafft
Frieden, kultureller Austausch realisiert die Idee des Welt-
bürgers. Doch die Schattenseiten sind unverkennbar: Wenn
sich alle Welt im gleichen Tempo und nach demselben Muster
weiterentwickelt, überlastet das die Tragfähigkeit des Planeten, der Ausgriff im Raum verknappt die Zeit für alternative
Lösungen und solche folgen zunehmend ungeeigneten Standards. Die global vernetzten Globalisierungskritiker haben
diese Sackgasse vor Augen geführt.

Globalisierung ist aber keine Einbahnstraße: Der Erste Weltkrieg warf die globale wirtschaftliche Verflechtung erheblich
zurück, das Vorkriegsniveau wurde erst in den 1970er Jahren
wieder erreicht. Und der politische Antagonismus der europä-

ischen Nationen und der totalitären Regime in Deutschland und Russland führten ins Inferno, das nach 1945 nur mühsam durch eine »friedliche Koexistenz« zwischen den Supermächten überwunden wurde. Der Fall der Mauer schien, gestützt durch das Internet, eine neue Ära globaler Kooperation einzuläuten. Doch zwei Entwicklungen stehen im Wege: die schrankenlose Macht der Finanzwirtschaft, die mit wachsender sozialer Ungleichheit und einer Renaissance des ethnischen Nationalismus einherging. Und das Vordringen religiöser, zum Teil extrem gewaltbereiter Fundamentalismen. Beide nutzen Medien und Kanäle der Globalisierung, durchkreuzen aber ihre inklusive und kooperative Dynamik. So bleibt am Ende nur die Utopie einer »anderen Globalisierung«, die nachhaltiger und achtsamer ist und sich von falschen Kennziffern und Indikatoren wirtschaftlichen Wachstums verabschiedet, die bisher für Globalisierung stehen.

Claus Leggewie

Werte Wer setzt der Freiheit Grenzen?

F reiheit ist das höchste Gut des Menschen, sie macht seine Würde aus«, so schreibt der Philosoph Otfried Höffe in seiner »Kritik der Freiheit«. – Ja, Freiheit ist tatsächlich das höchste Gut des Menschen, wenn wir einmal davon absehen, was das Leben für den Menschen ausmacht.

»Freiheit« ist für viele Ökonomen der Schlüssel für eine erfolgreiche Wirtschaft. Ihr Motto lautet: Je mehr Freiheit, desto größer der Erfolg. Der ökonomisch handelnde Mensch soll frei sein von den Zwängen ethischer Regelungen. Besonders drastisch lehnt Philosophieprofessor Wolfgang Kersting die »Durchsetzung besonderer moralischer, ethischer oder religiöser Vorstellungen« ab, weil dies die »Handlungsfreiheit« einschränkt und damit die Möglichkeit, »in völliger ethischer Unabhängigkeit sein Leben« zu gestalten. Damit legt Kersting die durch unser Grundgesetz festgelegte Ordnung sehr freigebig aus.

Die Würde des Menschen ist die Quelle unseres Wertesystems.

Wer dem Menschen seine Freiheit nimmt, der verletzt diese Würde. So steht es im Artikel 1 Satz 1 unseres Grundgesetzes: »Die Würde des Menschen ist unantastbar. Sie zu achten und zu schützen ist Verpflichtung aller staatlichen Gewalt.« Der Staat hat also die Aufgabe, den Bürger vor dem Missbrauch seiner Freiheit zu schützen. Und so steht denn auch eine Entscheidung des Bundesverfassungsgerichts (BVerfG) im Gegensatz zu der Erkenntnis des Philosophen, der davon schwärmt, das

Leben in »völliger ethischer Unabhängigkeit« zu gestalten. Unserer Grundordnung liegt – so das BVerfG – nach dem Grundgesetz »die Vorstellung zugrunde, dass der Mensch in der Schöpfungsgeschichte einen eigenen selbständigen Wert besitzt und Freiheit und Gleichheit dauernde Grundwerte der staatlichen Einheit sind. Daher ist die Grundordnung eine wertegebundene Ordnung.« Daraus folgert der Verfassungsrichter Udo Di Fabio, dass die staatliche Gemeinschaft zwar die Grundlage für jede Freiheit ist, das aber in einem Raum des Rechts und der Sicherheit. Allerdings setzen die Würde des Menschen und die Freiheit des Individuums den Regelungen der Gemeinschaft Grenzen. Denn, so das BVerfG weiter, »in der freiheitlichen Demokratie ist die Würde des Menschen der oberste Wert. Sie ist unantastbar, vom Staate zu achten und zu schützen. Der Mensch ist danach eine mit der Fähigkeit zu eigenverantwortlicher Lebensgestaltung begabte ›Persönlichkeit‹.«

Es ist umstritten, was Freiheit bedeutet. Häufig definiert man ihre Grenzen durch die Freiheit des anderen. Und überall in der Welt streiten Menschen um viele »Teilfreiheiten«. Ökonomisch drückt sich Freiheit in Eigentum aus, und insofern mag selbst im kommunistischen China, wo der Volkskongress 2007 das Recht auf Privateigentum beschloss, die wirtschaftliche Freiheit weitgehend gegeben sein, aber die Religionsfreiheit, die Freiheit der Presse, die Freiheit, sich zu versammeln und zu demonstrieren, gibt es dort nicht.

Denken und handeln sollten eins sein. So sagt eben auch Marquis de Posa in Schillers »Don Carlos« zu dem allmächtigen spanischen König Philipp II. den elementaren Satz: »Sire, geben Sie Gedankenfreiheit!«

Wer nicht frei denken kann, der kann auch nicht den Willen zum Handeln entwickeln, ihm fehlt die Fähigkeit, sich einen Plan vorzustellen. Aber auch das Gute zu wollen setzt Willensfreiheit voraus.

Allerdings gilt Freiheit nicht so absolut, dass der Bürger sein Leben in »völliger ethischer Unabhängigkeit« führen könnte. Denn eine Freiheit, die andere Freie berücksichtigen muss, hat sich bestimmten Bedingungen zu unterwerfen.

Wer Freiheit beansprucht, muss auch die Kultur in Kauf nehmen, in der sie gelebt wird. Und in Deutschland versteht man unter Sittengesetz in erster Linie das, was Kant als ein Gesetz bezeichnet, das im Inneren des Menschen lebt. Aber auch Sitten unterstehen dem Recht. So regelt etwa das Bürgerliche Gesetzbuch, was ein »sittenwidriges Rechtsgeschäft« ist oder was als »Verstoß gegen die guten Sitten« gilt. Freiheit ist also nirgendwo grenzenlos.

Ulrich Wickert

Wissen Warum noch Lexika?

Lexika bringen das, was man weiß, und das, was man nicht weiß, auf den Punkt. Maßstab ist der Normalverstand, manchmal auch der professionelle Verstand, der dann wiederfindet, was er nach Eigeneinschätzung eigentlich besser weiß. Die Steigerung von Lexika sind die Enzyklopädien, von Vollständigkeitsidealen getrieben und kostbar in der Aufmachung. So stehen sie in unseren Regalen, füllen Lücken im Verstand und dokumentieren den Bildungswillen ihrer Besitzer. Ist das heute, im Zeitalter von Google & Co., noch zeitgemäß? Wenn die Welt in Bits und Bytes ins Haus kommt und auf jede Frage eine Antwort weiß, was sollen da noch Regale, gefüllt mit klugen Büchern nach Art von Lexika und Enzyklopädien? Das Wissen löst sich von seinen traditionellen Trägern – es wird virtuell, flüchtig, anonym, kein Autor, kein Herausgeber steht mehr für das Wissen ein. Ist das Wissen im Himmel, im Virtuellen, angekommen oder hat es nur die Erde, unsere Lebenswelt, verloren? Lexika und Enzyklopädien hielten das Wissen dort fest. Wird das nicht mehr sein?

Jürgen Mittelstrass

Wohlbefinden Weshalb
schnurren Katzen?

W er mit dem späten Schopenhauer (dem der *Paralipome-na*) unterwegs ist, wird sich keine schlaflosen Nächte einhandeln beim Anblick von dauerhaft sich krümmenden Fragezeichen und anderen Löchern im Flickenteppich unserer Alltagskausalität. Jedenfalls plaudert Schopenhauer im Kapitel 1, § 1 seiner »Vereinzelte[n], jedoch systematisch geordnete[n] Gedanken über vielerlei Gegenstände« furchtlos aus, was von begründungsvernarrten Berufslogikern gern als kausalrenitente Erklärungsrestsumme mit Grenzwert 0 abortiert wird, nämlich: »Der Grund und Boden, auf dem alle unsere Erkenntnisse und Wissenschaften ruhen, ist das Unerklärliche.« Alle Erklärungen führen, sofern man sie mit wenigen Mittelgliedern aufdröselt, doch immer zum Unerklärlichen. Wer also auf die Frage, *Weshalb schnurren Katzen?*, etwa das intrinsisch supponierte Wohlbefinden der Katze als zureichenden Grund für das Geschnurre gelten machen wollte, hätte aus erkenntnistheoretischer Sicht schon verloren. 1 : 0 für die weiterhin sibyllinisch schnurrende Katze. Wir aber stehen da und werden (mit oder ohne Thomas Nagel) niemals wissen, *What is it like to be a bat?*, ob (und weshalb) unser Liebster uns wirklich liebt und weshalb der birmesischer Herzenskater Rinaldo d'Anouchat schnurrt, während wir auf die Tastatur hauen. Schon Montaigne hat das gnoseologische Problem erkannt und folgerichtig, man schlage nach in den *Essais*, II, 12, formuliert: »Wenn ich mit meiner Katze spiele, wer weiß, ob sie sich nicht noch mehr mit mir die Zeit vertreibt als ich mir mit ihr? Wir treiben beide miteinander Possen.« Es mag sein,

dass sich das Hauskatzenschnurren wissenschaftlich als
ein niederfrequentes, ungefähr 25 Hz lautes, gleichmäßig
vibrierendes Geräusch beschreiben lässt. Aber ob sich die
Katze mit ihrem Schnurren amüsiert, tröstet, heilt oder ver-
lustiert; ob sie schnurrend »etwas« (aber was?) kommuniziert,
ob sie uns singend und spinnend narrt und darob zu wolkigen
Geisteskapriolen anregt: Wir werden die Letztbegründung
des Katzenschnurrens so wenig leisten können, wie wir jemals
wissen werden, wie es ist, als Wittgensteinscher Käfer in einer
Schachtel mit Aufdruck »*Philosophische Untersuchungen* § 293«
zu leben. Änderte sich am Dasein unserer Katze etwas, wenn
fortan wir das Schnurren übernähmen? Noch kürzer und
mit Montaigne: Ist das Leben eine Schnurre oder eine Posse?
Que sais-je?

Ursula Pia Jauch

Wohlleben Wie könnten zeit-
gemäße Vorstellungen von einem
›guten Leben‹ aussehen?

Anders und ausführlicher gefragt: Wie könnten Vorstellungen von einem guten Leben entwickelt werden, die
auf nachhaltigen Synthesen zwischen der westeuropäischen
philosophischen Tradition der Lebenskunst auf der einen Seite
und der Weltanschauung der Völker des Andenraumes und
dem indigenen Konzept des *buen vivir* oder den spirituellen
Traditionen asiatischer Kulturen auf der anderen Seite beruhen? Sind solche Synthesen zwischen so unterschiedlichen
Weltbildern und Lebensweisen überhaupt möglich? Und
wenn ja: Was können so unterschiedliche Kulturen voneinander über ein gutes Leben und Zusammenleben lernen? Was
macht ein gutes Leben eigentlich aus? Materieller Wohlstand,
zivilisatorischer Wohlstand oder Zeitwohlstand? Anhäufung
materieller Güter, technischer Fortschritt und Wachstum oder
Kultur, Natur und Lebensfreude? Kann man mittels Brutto-
sozialprodukt oder Glücksindex messen, ob die Bevölkerung
in den Genuss eines ›guten Lebens‹ kommt? Sind Konzepte
wie das indigene *buen vivir*, also die Vorstellung vom einem
Recht auf ein gutes Leben und friedliches Zusammenleben in
Vielfalt und Harmonie mit der Natur (Alberto Acosta), oder
die *Glückliche Genügsamkeit* (Pierre Rabhi) gangbare alternative Entwürfe für die bislang auf Entwicklung, Fortschritt,
Gewinn und Konsum fixierte kapitalistische westliche Welt
in der »flüchtigen Moderne« (Zygmunt Bauman)? Welche Bedeutung haben Achtsamkeit, Empathie, Frieden, Geselligkeit,

Humanität, Literatur, Ökologie, Selbstbestimmung und Sinn für ein gutes menschliches Leben und Zusammenleben? Befördert oder beeinträchtigt die Digitalisierung nahezu aller Lebensbereiche in der »smarten neuen Welt« (Evgeny Morozov) die Freiheit der Menschen und ihr Recht auf ein gutes Leben? Und warum gibt es keine breite gesellschaftliche Diskussion und kaum wissenschaftliche Forschung über diese Fragen?

Vera & Ansgar Nünning

Würde Führt der Klimawandel zum Verlust der menschlichen Selbstachtung?

Etwas hat sich geändert: In Bezug auf den Klimawandel ist nicht mehr intellektuell redlich, Optimist zu sein. Wenn man den heute verfügbaren physikalischen, psychologischen und politischen Tatsachen vorurteilsfrei ins Auge sieht, dann sieht alles danach aus, dass die Menschheit an diesem Problem scheitern wird, und zwar sehenden Auges. Denn die vernünftigste Annahme ist jetzt, dass der Klimawandel in den kommenden Jahrzehnten und Jahrhunderten einen unkontrollierten und katastrophischen Verlauf nehmen wird.

Ein klassisches Verständnis von Würde besagt, dass man nicht nur im Anderen, sondern auch in sich selbst immer die Menschheit als Ganze respektieren soll. Die Gattung *Homo sapiens* scheint jedoch aus Gründen ihrer eigenen geistigen Struktur nicht adäquat reagieren zu können – und zwar auch, wenn ihre Mitglieder eine intellektuelle Einsicht in die zu erwartenden Folgen haben. Sehr bald kann man das Verhalten der Menschheit nicht mehr respektieren, und zwar weil es sich auch dann nicht ändert, wenn wir sogar *diese Tatsache selbst* auf der Ebene des eigenen Bewusstseins noch einmal klar und deutlich erleben. Der historische Übergang besteht darin, dass beim Klimawandel erstmals die Menschheit als Ganze versagt, und zwar sowohl in geistiger als auch in moralischer Hinsicht. Denn wir haben keine Achtung vor den anderen Personen und leidensfähigen Wesen, die nach uns auf diesem Planeten leben: Wir verweigern Ihnen vorsätzlich die Anerkennung. Wir können uns bald auch nicht mehr als rationale Personen ernst nehmen, weil wir vorsätzlich Tatsachen ignoriert und auf politischer Ebene unsere eigene Selbsttäuschung organisiert haben.

Würde ist eine Beziehung zwischen dem Einzelnen und der Gemeinschaft aller empfindungs- und leidensfähigen Wesen, insbesondere auch der ungeborenen Menschen und Tiere, die in der Zukunft auf diesem Planeten existieren werden. Unser gegenwärtiges Verhalten ist zutiefst würdelos, weil es dieser Gemeinschaft aus wirklichen und möglichen Wesen einen großen und nachhaltigen Schaden zufügt, zum Beispiel weil es die Lebensqualität, aber auch die realen Handlungsoptionen zukünftiger bewusster Wesen radikal einschränkt. Für die Wenigen, die diese Tatsache erkennen und anders leben wollen, ergibt sich daraus folgendes Problem: Wer Mitglied einer Gattung ist, die sich vorsätzlich und wider besseres Wissen unethisch verhält, der kann diese Gattung weder in anderen Menschen noch in sich selbst respektieren. Wie bewahrt man seine Selbstachtung in einer Zeit, in der die Menschheit als Ganze ihre Würde verliert?

Thomas Metzinger

www. Wozu Medienunternehmen?

Gutenberg hat den Buchdruck erfunden. Mit seiner Erfindung war es erstmals möglich geworden, einmal erstellte Inhalte einem größeren Publikum zur Verfügung zu stellen. Innovative Unternehmer dieser Zeit nutzten diese Chance – die ersten Medienunternehmen waren entstanden. Nachfolgend konnte diese Technologie weiter inkrementell variiert und verbessert werden. Es entstanden weitere Medienunternehmen wie Zeitungs- und Zeitschriftenverlage sowie Radio- und Fernsehsender, die im Kern aber immer das gleiche taten: sie erstellten Inhalte, führten diese zu einem Produkt bzw. einer Dienstleistung zusammen und stellten dieses über ein Medium zur Verfügung.

Nun steht mit dem Internet ein Medium mit gänzlich anderen Eigenschaften zur Verfügung. Anders als der Druck und der Rundfunk erlaubt das Internet Bidirektionalität und Multimedialität. Zudem kann fast jedermann Inhalte über das Internet bereitstellen – professionelle Medienschaffende haben kein Monopol mehr. Auch lassen sich über das Internet viele andere Dinge als nur Inhalte austauschen. Damit drängt sich die Frage nach der zukünftigen Existenzberechtigung für Medienunternehmen auf: Wo werden Medienunternehmen zukünftig überhaupt noch gebraucht, welche Rolle können sie im Prozess der öffentlichen Kommunikation noch einnehmen? Welche Rolle werden Technologien in Medienunternehmen spielen, bleibt die Entwicklung bei der Internet-basierten Distribution und der technischen Unterstützung des Produktionsprozesses

stehen oder aber übernehmen Algorithmen vermehrt oder
ganz das Erstellen von Inhalten? Wird dies alles den Prozess
der öffentlichen Kommunikation und damit die Gesellschaft
nachhaltig verändern oder ohne Folgen bleiben?

Thomas Hess

Zahlungswesen Was ist Geld?

Wer diese Frage stellt, muss vor allem begründen, warum das eine offene Frage ist. Denn Ökonomen haben darauf Antworten gegeben, vor allem eine: es sei ein Tauschmittel. Aber das lässt sich von vielen Dingen behaupten und in geldkritischen Kreisen, die Tauschringe organisieren, wird die Behauptung auch praktiziert. Also: tausche eine Stunde Hausaufgabenbetreuung gegen einen Krimi, oder Fahrradnutzung über ein Wochenende gegen einen Topf hausgemachter Suppe. Niemand würde deshalb Hausaufgabenbetreuung, Krimi, Fahrradverleih oder Suppe zu Geld erklären. Und selbst wenn sich der Tauschring darauf verständigte, dass die einheitliche »Währung« die Zeit für Hausaufgabenbetreuung darstellt, würden wir das immer noch als eine Natural- oder Dienstleistung wahrnehmen.

Unter Geld verstehen wir die Münzen oder Scheine, die wir alle in unseren Portemonnaies herumtragen, vielleicht auch noch das Buchgeld, mit denen man Zahlungen auslösen oder die man auf dem Konto gutgeschrieben bekommen kann. Der Wert des Geldes ist nicht durch den Ressourcenaufwand bestimmt, der in seine Produktion geht: eine Null mehr auf dem Geldschein oder Scheck und schon ist das Papier zehnmal mehr wert, ohne dass dafür nennenswert mehr Produktionskosten entstanden wären.

Irgendwie wird der Geldwert von Zentralbanken beeinflusst und bestimmt sich im Verhältnis zu anderen Währungen. Ein andere Antwort ist daher: Geld ist gesetzliches Zahlungsmittel. Will sagen, man kann damit Schulden aus der Welt schaffen. Wer richtiges Geld hält, kann damit nur noch zur Zentralbank gehen und Geld in einer anderen Stückelung erhalten, z.B. einen 100 Euroschein in fünf 20 Euro-Scheine eintauschen. Geld wäre also genauer gesagt nur Zentralbankgeld, denn das Buchgeld der Banken verkörpert ja immer eine Forderung gegen jemanden. »Richtiges« Geld wäre also immer auf eine politische Autorität angewiesen.

Wie konnte dann aber *bitcoin* seit 2009 in einem Maße Zahlungsfunktionen übernehmen, der die Zentralbanker dieser Welt zeitweise nervös machte? Wer *bitcoins* hielt, hatte keine Forderung auf etwas anderes oder gegen eine identifizierbare Vertragspartei, genau wie das gesetzliche Zahlungsmittel, das Zentralbanken emittieren. Aber es gab diese staatliche Instanz nicht. Ist *bitcoin* also kein Geld? Oder ist Geld doch nicht nur Zentralbankgeld?

Vielleicht sollte man die Frage so formulieren: Geld funktioniert in der Praxis – aber funktioniert es auch in der Theorie?

Waltraud Schelkle

Zeichensysteme Warum ist die Indusschrift noch nicht entziffert?

Auf etwa fünf tausend kleinen Siegeln und anderen Objekten der Induskultur (ca. 3.–2. Jahrtausend v. Chr.) befindet sich eine piktographische Zeichenansammlung, deren Sinn noch immer nicht entziffert ist. Die Entdeckung dieser Kultur im Nordosten Indiens und Pakistans im Jahre 1922 war eine Sensation. Bis zu diesem Zeitpunkt konnte sich niemand vorstellen konnte, dass es vor der Einwanderung der Indo-Arier dort eine hochentwickelte Zivilisation gab, die eine systematische Städteplanung, ausgeklügelte Bewässerungssysteme, beeindruckend große Ziegelbauten, schönste Skulpturen und Figurinen, genormte Maße und Gewichte und für die Bronzezeit einzigartige Techniken wie etwa die Baumwollweberei kannte. Doch wer waren die Träger dieser Kultur? Welche Sprache sprachen sie? Welche Religion oder Sozialordnung hatten sie? Warum ging die Induskultur um 1900 v. Chr. mit ihren über tausend Städten unter und hinterließ kaum Spuren in nachfolgenden Kulturen wie etwa der vedischen? Zu gern würde man den Zeichen einen Sinn entlocken, der helfen könnte, diese offenen Fragen zu beantworten.

Doch alle archäologischen, philologischen oder computerlinguistischen Versuche einer Entzifferung der Schrift scheiterten, zumal keine zweisprachige Inschrift wie der Rosetta-Stein, der die ägyptischen Hieroglyphen entziffern ließ, zur Verfügung steht. Handelt es sich um Wörter oder Silben? Handelt es sich um eine Vorstufe des Sanskrit, des Tamil oder einer anderen Sprache? An kühnen Theorien mangelt es nicht.

Viele Forscher aus Indien behaupten, dass die Induskultur eine ur-indische sei und sich die vedische Kultur aus ihr entwickelt habe.

Möglicherweise sind aber alle Entzifferungsversuche zum Scheitern verurteilt, weil – wie der Indologe Michael Witzel (Harvard) und andere Forscher behaupten – die Zeichensysteme für eine Schrift zu kurz sind und weder Schreibmaterial noch Schreibwerkzeuge gefunden wurden. Selbst wenn man unterstellt, dass die Zeichen sprachlich wären, so würde das semantische Spektrum der Indusschrift unter dem Niveau eines dreijährigen Kindes liegen. Vielleicht handelt es sich, so die Wissenschaftler, eher um esoterische Siegel, die Individuen, Familien, Clans oder Gottheiten zuzuordnen sind. Doch auch diese These bleibt nur eine Frage.

Axel Michaels

Zeit Wie lange dauert die Ewigkeit?

Ist ewig das, was einmal angefangen hat und nie aufhören wird? Oder das, was schon immer war und immer sein wird? Ist Ewigkeit zerdehnte Zeit? Ist es Traum oder Albtraum, endlos zu leben? Bekommen die Dinge nicht erst dadurch einen Sinn, dass sie Anfang und Ende, Eingang und Ausgang, Start und Ziel haben? Ist Ewigkeit die dauernde Wiederkehr des Gleichen in der Zeit? Oder ist Ewigkeit etwas jenseits der Zeit? Gibt es Zeitungen in der Ewigkeit? Fängt die Ewigkeit erst nach dem Sein in dieser Zeit, also nach dem Tode, also mit der Todesanzeige in der Zeitung, an? Muss es nicht langweilig sein in so einer Ewigkeit? Ist der religiöse Glaube an die Ewigkeit erloschen? Kehrt er wieder als säkularer Glaube in der Vorstellung von ewigem Wachstum?

Vor fünfzig Jahren hat meine Großmutter mir eine Geschichte über die Ewigkeit erzählt. Ich hatte sie gefragt, was das denn sei, die Ewigkeit, und wie ich mir die vorstellen solle. Großmutter war eine resolute Bauersfrau und hatte 15 Kinder geboren, also einige mehr, als die EU in den ersten dreißig Jahren ihrer Existenz Mitgliedsstaaten hatte. Einer so lebenserfahrenen Frau kann man vertrauen, wenn es um die irdischen und die überirdischen Dinge geht. Ihre Geschichte beschreibt die Dauer der Ewigkeit – und sie geht so: »An einem großen Felsen wetzt alle hundert Jahre einmal ein Vogel seinen Schnabel. Ist der Fels auf diese Weise endlich abgetragen, dann ist gerade einmal eine Sekunde der Ewigkeit vorbei.« Über diese Geschichte kann man länger nachdenken als über so manche komplizierte Frage. Eine verständlichere Erklärung über die Dauer der Ewigkeit habe ich seitdem nicht gehört.

Ewiges Wachstum braucht die gewollte und bewusste Verringerung der Lebensdauer der Dinge. Das nennt man geplante Obsoleszenz. Geht ewiges Wachstum also nur auf Kosten der Langlebigkeit der Dinge und am Ende auch der Menschen? Der Wunsch nach Ewigkeit fördert die Vergänglichkeit. Wird aus verloren gegangenem Glauben an die Ewigkeit der Zwang zur Beschleunigung in der Zeit? Was heißt eigentlich der schöne Ausdruck »das Zeitliche segnen«? Paul Tillich erfand die Wendung »Das Ewige im Jetzt«. Gibt es den Moment Ewigkeit auch hier und jetzt? Es gibt diesen Moment vielleicht dann, wenn wir über Großmutters Geschichte nachdenken.

Heribert Prantl

Zuwanderung Gibt es ein Menschenrecht auf Migration?

Diese Frage ist einfacher gestellt als beantwortet. Für die eine Partei in dieser Problematik ist die Sache klar: Menschen auf der Suche nach besseren Lebensbedingungen haben ein Recht, sich dort niederzulassen, wo sie günstigere Lebenschancen vorfinden. Kein Staat, keine Nation, keine Union und kein Kontinent dürfen sich einfach abschotten, um den Zugang zu ihrem Territorium zu erschweren. Vorbild in Europa für diese menschenrechtsuniversalistische Position ist die Europäische Union. So wie die Freiheit von Gütern und Dienstleistungen oder die Freizügigkeit von Geld- und Kapitalströmen herrscht, so haben auch Menschen ein ungeteiltes Recht auf Niederlassung. Schon die Regeln und Regulationen, die im europäischen Raum die Einwanderung in die Sozialsysteme unterbinden sollen, gelten als »institutioneller Rassismus«, der beseitigt gehört. Das Motto lautet: »Bleiberecht für alle!« Diese Position des gesinnungsethischen Menschenrechtsuniversalismus wird weit über die radikalen Kreise von Antifa und Antirassismus, die sich selbst als »Aufstand der Anständigen« etikettieren, in der Bevölkerung geteilt. Die Folge: Einwanderung ist Schicksal! Man kann nichts machen, wenn man nicht des »Rassismus« beschuldigt werden will. Und wer möchte schon als »Rassist« gelten?

Die andere Position hingegen macht auf die intendierten und nicht-intendierten Folgen einer solch fatalistischen, aber gesinnungsethisch reinen Position aufmerksam. Wie soll man verantwortungsethisch mit den ökonomischen, politischen,

sozialen und kulturellen Folgen einer solchen »Politik« um-
gehen? Möchten die Menschen wirklich mit jedermann und
jederfrau zusammenleben? Können Multikulturalismus und
Diversitäts-Rhetorik tatsächlich die schwierigen Probleme der
»Integration« von Menschen übertünchen, die die westliche
Lebensform ablehnen, gleichwohl aber von dem Reichtum
dieser »sündigen« Gesellschaftsform profitieren wollen? Hat
nicht jede Gesellschaft die Pflicht und ein Stück weit auch das
Recht zu entscheiden, wer in ihrer Mitte leben darf? Muss sie
das nicht auch um des lieben Friedens willen tun? Das sind
knifflige Fragen. Sie sollten aber ohne Rassismus-Vorwurf, un-
befangen und ohne Scheuklappen, diskutiert werden können.
Ansonsten droht »soumission« (Michel Houllebecq) und der
Import des »Kulturkampfes« nach Europa. In solchen Konflik-
ten zieht übrigens die universalistische Position stets den Kür-
zeren gegenüber einer partikularen Position starker Solidarität
gleich welcher Natur.

Hans–Peter Müller

Zweigeschlechtlichkeit Ging es nicht einfacher?

W as mag wohl die Ursache davon sein, dass alle organische Wesen, die wir kennen, ihre Art nur durch die Vereinigung zweier Geschlechter (die man dann das männliche und weibliche nennt) fortpflanzen?« so fragt derselbe Denker, der am Ende seines Werkes zur Begründung der Moral von sich selbst sagt, es seien zwei Dinge, die ihn, je länger er sich mit ihnen befasse, in immer größeres Erstaunen versetzten: »der bestirnte Himmel über mir und das moralische Gesetz in mir«.

Zu meiner Genugtuung und Entlastung finde ich bei demselben Kant, der Zeit seines Lebens disponiert war, auch mit der Optik der Wissenschaften in die Natur zu blicken, an mehr als nur einer Stelle die denkbar größte Verwunderung über das Faktum der Zweigeschlechtlichkeit. »[E]s scheint, es müsse unmöglich sein, aus der Materie unseres Erdballs organische Geschöpfe durch Fortpflanzung anders entstehen zu lassen, ohne dass dazu zwei Geschlechter gestiftet wären. – In welchem Dunkel verliert sich die menschliche Vernunft, wenn sie hier den Abstamm zu ergründen, ja auch nur zu errathen es unternehmen will?«, so Kant in seiner Anthropologie.

Die Antwort der theoretischen Biologie auf die Frage nach der Funktion der Zweigeschlechtlichkeit ist bekannt. Es leuchtet *grosso modo* ein, dass zur strukturellen Vermeidung von Degenerationsschäden bei so komplexen Systemen, wie es die Organismen hochentwickelter Lebewesen sind, eine komplizierte Methode der Plasmaerneuerung erforderlich ist.

»Die Erneuerung der lebendigen Substanz« (Helmuth Plessner) – gewiss ist das keine Kleinigkeit. Und dennoch: Selbst bei wohlwollender Schätzung der Größe des Problems, das auf diese Weise ›gelöst‹ wird, bleibt angesichts der Komplikationen, zu denen diese ›Lösung‹ geführt hat, *a fortiori* mit Blick auf die menschliche Gattung die Frage: Wäre es nicht auch einfacher gegangen? Musste die Lösung *dermaßen* kompliziert sein?

Birgit Recki

Die Autoren

Dr. Norbert Abels ist Chefdramaturg der Oper Frankfurt und Mitglied der Deutschen Akademie der Darstellenden Künste

Dr. Dr. h.c. Michael von Albrecht ist Professor em. für Klassische Philologie an der Ruprecht-Karls-Universität Heidelberg

Dr. Sibylle Anderl ist Postdoctoral Researcher am Institut de Planétologie et d'Astrophysique de Grenoble

Dr. Dirk Baecker ist Professor für Kulturtheorie und Management und Dekan der Fakultät für Kulturreflexion an der Universität Witten/Herdecke

Dr. med. Werner Bartens ist Leitender Redakteur der *Süddeutschen Zeitung* und Buchautor

Dr. Peter von Becker lebt als Professor, Autor des *Tagesspiegel* und Schriftsteller in Berlin

Dr. Dr. h.c. Dieter Birnbacher ist Professor für Philosophie i. R. an der Heinrich Heine-Universität Düsseldorf

Dr. Eike Bohlken ist Privatdozent am philosophischen Seminar der Eberhard-Karls-Universität Heidelberg

Dr. Jörg Bong ist verlegerischer Geschäftsführer der S. Fischer Verlage in Frankfurt am Main

Dr. Heinrich Bosse ist Dozent, vormals Akademischer Rat am Deutschen Seminar der Albert-Ludwigs-Universität Freiburg

Dr. Christina von Braun ist Professorin i.R. an der Humboldt-Universität zu Berlin und am Zentrum Jüdische Studien Berlin-Brandenburg

Dr. Jochen Brüning ist Professor em. für Mathematik und Direktor des Hermann von Helmholtz-Zentrums für Kulturtechnik an der Humboldt-Universität zu Berlin

Dr. Anselm Doering-Manteuffel ist Professor für Neuere Geschichte und Direktor des Seminars für Zeitgeschichte der Eberhard-Karls-Universität Tübingen

Dr. Peter Eisenberg ist emeritierter Professor für deutsche Sprache der Gegenwart am Institut für Germanistik der Universität Potsdam

Dr. Ottmar Ette, Romanist und Komparatist, ist Professor an der Universität Potsdam und Mitglied der Berlin-Brandenburgischen Akademie der Wissenschaften

Dr. Thomas Etzemüller ist apl. Professor für Neuere und Neueste Geschichte an der Universität Oldenburg

Dr. Jürgen Fohrmann ist Professor für Allgemeine Literaturwissenschaft und neuere deutsche Literatur an der Rheinischen Friedrich-Wilhelms-Universität Bonn

Dr. Rainer Forst ist Professor für Politische Theorie und Philosophie an der Goethe-Universität Frankfurt am Main

Christiane Freudenstein-Arnold ist Publizistin in Göttingen und führt die Redaktion der Aktualisierungen von *Kindlers Literatur Lexikon*

Dr. Gottfried Gabriel ist Professor der Philosophie im Ruhestand an der Friedrich-Schiller-Universität Jena

Dr. Markus Gabriel ist Professor für Erkenntnistheorie, Philosophie der Neuzeit und Gegenwart an der Rheinischen Friedrich-Wilhelms-Universität Bonn

Dr. Petra Gehring ist Professorin für Philosophie an der Technischen Universität Darmstadt

Dr. Dr. h.c. Gerhart v. Graevenitz ist Professor em. und ehemaliger Rektor der Universität Konstanz

Dr. Dr. h.c. mult. Hans Ulrich Gumbrecht ist Albert Guérard Professor in Literature an der Stanford University, Kalifornien

Dr. Anselm Haverkamp ist Emeritus Professor of English an der New York University und Honorarprofessor für Philosophie an der Ludwig-Maximilians-Universität München

Dr. Kurt A. Heller ist Professor em. der Psychologie an der Ludwig-Maximilians-Universität München und Direktor des Zentrums für Begabtenforschung

Dr. Thomas Hess ist Professor und Institutsdirektor an der Ludwig-Maximilians-Universität München

Dr. Christoph Heyl ist Professor für Britische Literatur und Kultur an der Universität Duisburg-Essen

Dr. jur. Dr. phil. Eric Hilgendorf ist Professor für Strafrecht, Strafprozessrecht und Rechtstheorie an der Julius- Maximilians-Universität Würzburg

Tobias Hürter ist stellvertretender Chefredakteur des Philosophiemagazins *Hohe Luft*

Dr. Hans Werner Ingensiep ist Professor für Philosophie und Wissenschaftsgeschichte an der Universität Duisburg-Essen

Dr. Ursula Pia Jauch ist Professorin für Philosophie an der Universität Zürich

Dr. Dr. h.c. Hans Joas ist Honorarprofessor an der Theologischen Fakultät der Humboldt-Universität zu Berlin und Professor für Soziologie an der University of Chicago

Dr. Bernhard Jussen ist Professor für Mittelalterliche Geschichte an der Goethe-Universität, Frankfurt am Main

Dr. Wolfgang Kaschuba ist Professor und Direktor des Instituts für Europäische Ethnologie an der Humboldt-Universität zu Berlin

Dr. Charlotte Klonk ist Professorin für Kunst und neue Medien an der Humboldt-Universität zu Berlin

Vittorio Klostermann ist Verleger des gleichnamigen Verlags in Frankfurt am Main

Dr. Ralf Konersmann ist Professor und Direktor des Philosophischen Seminars der Christian-Albrechts-Universität zu Kiel

Dr. Benedikt Korf ist Professor für Politische Geographie an der Universität Zürich

Dr. Wolfgang Krischke ist Journalist, Buchautor und Lehrbeauftragter für Sprachwissenschaft an der Universität Hamburg

Dr. Dieter Langewiesche ist Professor em. am Fachbereich Geschichtswissenschaft der Eberhard-Karls-Universität Tübingen

Dr. Dr. h.c. Claus Leggewie ist Professor für Politikwissenschaft und Direktor des Kulturwissenschaftlichen Instituts in Essen

Thomas Lehr ist freier Schriftsteller in Berlin

Dr. Stephan Leibfried ist Forschungsprofessor an der Universität Bremen und an der Jacobs University Bremen

Dr. Dr. Andreas Maercker ist Professor für Psychopathologie an der Universität Zürich

Dr. Philip Manow ist Professor für Vergleichende Politische Ökonomie an der Universität Bremen

Dr. Christoph Menke ist Professor für Philosophie an der Goethe-Universität Frankfurt am Main

Dr. Thomas Metzinger ist Professor für Philosophie an der
Johannes-Gutenberg-Universität Mainz

Dr. Axel Michaels ist Professor für Indologie am Südasien-
Institut der Ruprecht-Karls-Universität Heidelberg

Dr. Dr. h.c. mult. Dr.-Ing. E.h. Jürgen Mittelstraß ist Professor
und Direktor des Konstanzer Wissenschaftsforums

Dr. Hans-Peter Müller ist Professor für Allgemeine Soziologie
an der Humboldt-Universität zu Berlin

Dr. Lothar Müller ist Redakteur im Feuilleton der *Süddeutschen
Zeitung* und Honorarprofessor für Neuere deutsche Literatur
an der Humboldt-Universität zu Berlin

Joachim Müller-Jung ist Ressortleiter der *Frankfurter
Allgemeinen Zeitung*, Natur und Wissenschaft / Feuilleton

Dr. Ansgar Nünning ist Professor für anglistische und amerika-
nistische Literatur- und Kulturwissenschaft an der Justus-
Liebig-Universität Gießen

Dr. Vera Nünning ist Professorin für Englische Philologie an
der Ruprecht-Karls-Universität Heidelberg

Dr. Werner Plumpe ist Professor für Wirtschafts- und Sozial-
geschichte an der Goethe-Universität Frankfurt am Main

Dr. Detlef Pollack ist Professor für Religionssoziologie an der
Universität Münster

Dr. Heribert Prantl ist Professor und Mitglied der Chefredaktion
der *Süddeutschen Zeitung*, München

Dr. Kim Christian Priemel ist Historiker an der Humboldt-
Universität zu Berlin

Dr. Dr. h.c. Michael Quante ist Professor für Philosophie an der Westfälischen Wilhelms-Universität Münster

Dr. Ulf von Rauchhaupt ist Verantwortlicher Redakteur für Wissenschaft bei der *Frankfurter Allgemeinen Sonntagszeitung*

Dr. Max Rauner ist Redakteur beim Magazin ZEIT *Wissen*, Die ZEIT, Hamburg

Dr. Birgit Recki ist Professorin für Philosophie an der Universität Hamburg

Dr. Jan Philipp Reemtsma ist Professor und Vorstand der Stiftung zur Förderung von Wissenschaft und Kultur und der Arno Schmidt Stiftung

Franziska Remeika ist Lektorin für Philosophie im J.B. Metzler Verlag Stuttgart

Dr. Dr. h.c. Ortwin Renn ist Professor und Direktor des Zentrums für Interdisziplinäre Risiko- und Innovationsforschung an der Universität Stuttgart

Dr. Stefan Rieger ist Professor für Mediengeschichte und Kommunikationstheorie am Institut für Medienwissenschaft der Ruhr-Universität Bochum

Dr. Schamma Schahadat ist Professorin für Slavische Literatur- und Kulturwissenschaft an der Eberhard-Karls-Universität Tübingen

Dr. Waltraud Schelkle ist Professorin für Politische Ökonomie an der London School of Economics and Political Science

Dr. Hannelore Schlaffer ist apl. Professorin für Literatur und lebt als freie Schriftstellerin in Stuttgart

Dr. Heinz Schlaffer ist emeritierter Professor für Literaturwissenschaft an der Universität Stuttgart

Dr. Ulrich Johannes Schneider ist Professor für Kulturphilosophie und Direktor der Universitätsbibliothek Leipzig

Dr. Charlotte Schubert ist Professorin für Alte Geschichte und Medizinhistorikerin an der Universität Leipzig

Dr. Gustav Seibt ist Historiker, Literaturkritiker und Journalist in München und Berlin

Dr. Steffen Sigmund vertritt zur Zeit die Professur für Empirische Makrosoziologie am Max Weber-Institut für Soziologie der Ruprecht-Karls-Universität Heidelberg

Dr. Carlos Spoerhase ist Literaturwissenschaftler am Institut für deutsche Literatur der Humboldt-Universität zu Berlin

Dr. Pirmin Stekeler–Weithofer ist Professor für theoretische Philosophie an der Universität Leipzig

Dr. Barbara Stollberg-Rilinger ist Professorin für Geschichte der Frühen Neuzeit an der Westfälischen Wilhelms-Universität Münster

Dr. Michael Stolleis ist Professor und Direktor em. des Max Planck-Instituts für europäische Rechtsgeschichte in Frankfurt am Main

Dr. Wolfgang Streeck ist Professor und Direktor em. am Max Planck-Institut für Gesellschaftsforschung in Köln

Dr. Peter Strohschneider ist Professor für Germanistische Mediävistik an der Ludwig-Maximilians-Universität München und Präsident der Deutschen Forschungsgemeinschaft

Dr. Jakob Tanner ist Professor em. für Allgemeine und Schweizer Geschichte der Neuzeit an der Universität Zürich

Dr. Dr. h.c. Heinz–Elmar Tenorth ist Professor em. für historische Bildungsforschung an der Humboldt-Universität zu Berlin

Dr. Ronny Thomale ist Professor für theoretische Festkörperphysik an der Julius Maximilians-Universität in Würzburg

Dr. Dirk Vaihinger leitet den Verlag Nagel & Kimche in Zürich

Dr. Sebastian Vehlken ist Juniordirektor der DFG-Kolleg-
forschergruppe *Medienkulturen der Computersimulation* an der
Leuphana Universität Lüneburg

Dr. Friedrich Vollhardt ist Professor für Deutsche Philologie
der an der Ludwig Maximilians-Universität in München

Dr. Martin Warnke ist Professor und Direktor der DFG-Kolleg-
forschergruppe *Medienkulturen der Computersimulation* an der
Leuphana Universität Lüneburg.

Dr. Dr. h.c. mult. Sigrid Weigel ist Professorin und Direktorin
des Zentrums für Literatur- und Kulturforschung in Berlin

Dr. Stefan Weinfurter ist Professor und Direktor der Forschungs-
stelle *Geschichte und kulturelles Erbe* an der Ruprecht-Karls-
Universität Heidelberg

Dr. Ernst Ulrich v. Weizsäcker ist Ko-Präsident des Club of Rome

Dr. Tobias Werron ist Professor für Wissenschaftsforschung
und Politik am Forum Internationale Wissenschaft der
Rheinischen Friedrich-Wilhelms-Universität Bonn

Ulrich Wickert ist Journalist und Autor

Dr. Lutz Wingert ist Professor für Philosophie an der Eidge-
nössischen Technischen Hochschule (ETH) Zürich

Dr. Heinrich August Winkler ist Professor em. für Neueste
Geschichte an der Humboldt-Universität zu Berlin

Raum für Antworten

Bibliografische Information der Deutschen Nationalbibliothek
Die Deutsche Nationalbibliothek verzeichnet diese Publikation
in der Deutschen Nationalbibliografie; detaillierte bibliografische
Daten sind im Internet über http://dnb.d-nb.de abrufbar.

ISBN 978-3-476-02620-0
ISBN 978-3-476-05468-5 (eBook)
DOI 10.1007/978-3-476-05468-5

© 2015 Springer-Verlag GmbH Deutschland
Ursprünglich erschienen bei J.B. Metzler'sche Verlagsbuchhandlung
und Carl Ernst Poeschel Verlag GmbH in Stuttgart 2015

www.metzlerverlag.de
info@metzlerverlag.de

Printed in the United States
By Bookmasters